LIRE
LA BANDE DESSINÉE

AUTRES OUVRAGES DE BENOÎT PEETERS (EXTRAITS)

Omnibus, roman, Minuit, 1976; Les Impressions Nouvelles, 2001.

La Bibliothèque de Villers, roman, Robert Laffont, 1980 (épuisé).

Les Cités obscures, bandes dessinées (en collaboration avec François Schuiten), 16 volumes parus, Casterman, 1983-2010.

Le Monde d'Hergé, monographie, Casterman, 1983.

Le Mauvais Œil, récit photographique (en collaboration avec Marie-Françoise Plissart), Minuit, 1986.

Love Hotel, bande dessinée (en collaboration avec Frédéric Boilet), Casterman, 1993; Ego comme X, 2005.

Tokyo est mon jardin, bande dessinée (en collaboration avec Frédéric Boilet), Casterman, 1997.

Demi-tour, bande dessinée (en collaboration avec Frédéric Boilet), Dupuis, 1997.

Entretiens avec Alain Robbe-Grillet, DVD vidéo, Les Impressions Nouvelles, 2001.

Hergé, fils de Tintin, biographie, Flammarion, 2002.

Le Transpatagonien, roman (en collaboration avec Raoul Ruiz), Les Impressions Nouvelles, 2002.

Nous est un autre, enquête sur les duos d'écrivains, essai (en collaboration avec Michel Lafon), Flammarion, 2006.

Villes enfuies, récits et fragments, Les Impressions Nouvelles, 2007.

Lire Tintin, les bijoux ravis, essai, Les Impressions Nouvelles, 2007.

Écrire l'image, un itinéraire, essai, Les Impressions Nouvelles, 2008.

Chris Ware, la bande dessinée réinventée, essai (en collaboration avec Jacques Samson), Les Impressions Nouvelles, 2010.

Derrida, biographie, Flammarion, 2010.

Trois ans avec Derrida. Les carnets d'un biographe, Flammarion, 2010.

Benoît Peeters

LIRE
LA BANDE DESSINÉE

Champs arts

Une première édition de cet ouvrage est parue aux éditions Casterman sous le titre *Case, planche, récit – lire la bande dessinée*.

Dessin de couverture : François Schuiten

© Casterman, 1998.
© Flammarion, 2003, pour cette édition.
ISBN : 978-2-0812-4485-6

INTRODUCTION

ÉLOGE DE LA BANDE DESSINÉE

Nouveaux récits, nouvelles images

Pour que la bande dessinée s'invente, sans doute fallait-il un homme qui soit à la fois écrivain et peintre, tout en n'étant réellement ni l'un ni l'autre. Écrivain, critique d'art et pédagogue, Rodolphe Töpffer (1799-1846) créa ses premières « histoires en estampes » vers 1827, sans autre visée que l'amusement de ses élèves et des proches. Mais deux de ses manuscrits tombèrent sous les yeux de Goethe et l'enthousiame du vieil écrivain, premier critique de bande dessinée, décida Töpffer à publier ses récits. Sept volumes oblongs parurent à Genève entre 1833 et 1846 : *Mr Jabot, Mr Crépin, Mr Vieux Bois, Mr Pencil, Docteur Festus, Histoire d'Albert* et *Mr Cryptogame*[1].

Très vite, Töpffer crut à cette forme de récit en images et à ses possibilités spécifiques. Comme il l'écrivait au dessinateur Cham en janvier 1846 : « Pour ce qui est de la Caricature, ou plutôt des histoires en estampes telles que je les ai essayées,

---

1. Six des histoires de Töpffer ont été republiées aux éditions du Seuil : volume 1 : *Mr Jabot* et *Mr Vieux-Bois* ; volume 2 : *Mr Crépin* et *Mr Pencil* ; volume 3 : *Le Docteur Festus* et *L'Histoire de Mr Cryptogame*.

j'estime que c'est un genre encore bien nouveau où il y a prodigieusement à moissonner [1]. »

Sommes-nous sûrs, un siècle et demi plus tard, d'avoir tiré toutes les conséquences de cette étrange invention ? Sommes-nous certains d'avoir moissonné tout ce que promettait ce genre nouveau ? Au vu des lamentations qui refleurissent périodiquement, il est possible d'en douter. Protestant, au nom d'une certaine idée de la Culture, contre une supposée sous-littérature, un Finkielkraut, un Bernard-Henri Lévy, voire un Milan Kundera ne révèlent peut-être rien d'autre que leur propre état d'*aniconètes* (ainsi pourrait-on nommer ces analphabètes de l'image).

Car ce qu'ils continuent de mettre en cause, plus que telle ou telle de ses productions (ce qui serait parfaitement légitime), c'est la bande dessinée elle-même, le média étant confondu avec un genre, en un amalgame assez semblable à celui qui valut au roman-photo d'être confisqué par les bluettes sentimentales.

Forme complexe, capable de tresser d'une manière qui n'appartient qu'à elle le mouvement et la fixité, la planche et la vignette, le texte et les images, la bande dessinée n'a pourtant rien qui justifie un tel mépris. Dans deux directions au moins, sa vitalité se manifeste avec éclat.

Support romanesque à part entière, la bande dessinée le fut dès *Les Aventures de Tintin* ou celles de *Blake et Mortimer*. Elle l'est aujourd'hui à l'évidence avec des œuvres comme *Ici même* et *Silence,*

---

1. Lettre citée dans *L'Invention de la bande dessinée,* textes de Rodolphe Töpffer réunis et présentés par Thierry Groensteen et Benoît Peeters, Hermann, Savoir : sur l'art, 1994, p. 179.

La ballade de la mer salée, *Autoroute du soleil*, *Watchmen*, *Palestine* ou *Quartier lointain* – sans oublier *Maus* d'Art Spiegelman, peut-être la réussite la plus éclatante sur ce terrain.

Indépendants de ce phénomène de la série auquel on réduisit trop longtemps la bande dessinée, de tels albums possèdent une trajectoire complète et autosuffisante : les sagas feuilletonesques avaient leur charme ; elles avaient aussi leurs ficelles. Longs de 80 pages à plus de 400, ils rompent avec cette tendance à l'amenuisement qui prévalut trop longtemps. Amples, ambitieux, ambigus, des récits comme ceux-là montrent à l'envi que tout est possible en bande dessinée, moins du reste par l'adaptation de grands textes littéraires supposés l'ennoblir que par la découverte d'un autre romanesque, né de l'image et avec elle.

Mais la bande dessinée est loin de se limiter à ces investigations narratives. Théâtre de métamorphoses spécifiques, elle peut être aussi ce lieu magique où les images semblent se déduire l'une de l'autre, explorant les virtualités du dessin, de la couleur ou de la planche.

Winsor McCay, dans les premières années de ce siècle, se fit le champion de cette invention à mesure dont Martin Vaughn-James livra sans doute, avec *La Cage,* l'illustration la plus radicale, mais dont Fred et Herriman, Joost Swarte et Andréas, Chris Ware et Lewis Trondheim, le Mœbius d'*Arzach* et de *Major Fatal* offrent aussi de merveilleux exemples.

À l'heure où la bande dessinée a parfois tendance à se replier sur les valeurs sûres et les recettes éprouvées, un retour sur les spécificités du média ne me paraît pas malvenu.

« **Un genre encore bien nouveau où il y a prodigieusement à moissonner.** »

Rodolphe Töpffer, *Monsieur Pencil.*

Comment lire une bande dessinée ?

Comment ? Mais de toutes les manières et dans tous les sens possibles. Des lectures naïve ou savante, politique, sociologique, philosophique ou psychanalytique, aucune, a priori, ne doit être interdite. La santé et la force de la bande dessinée me paraissent notamment se mesurer – n'en déplaise à ses détracteurs – à la variété des regards que l'on peut porter sur elle.

Une précaution s'impose toutefois. Nulle lecture n'est à rejeter, à condition qu'elle ne méconnaisse pas totalement les particularités de son objet. Sans quoi ce ne serait plus d'une lecture qu'il s'agirait, mais d'une pure et simple hallucination. Contribuer à la mise au jour de ces mécanismes fondamentaux, tel est le premier objet des pages qui vont suivre.

La chose me semble claire : même si le trait, la couleur ou le dialogue méritent parfaitement d'être analysés, il n'est pas sans intérêt de mettre l'accent sur ce que la bande dessinée est seule ou presque à mettre en œuvre : la case, le strip, la planche, les relations entre le texte et le dessin, entre le scénario et sa mise en images.

Je m'efforcerai dans ces pages de proposer quelques clés de compréhension et de lever quelques malentendus, contribuant ainsi à la relance de ce genre trop peu fréquenté qu'est la théorie de la bande dessinée.

Quelle théorie ?

Il ne s'agira pas ici d'un discours *critique* au sens traditionnel du terme, discours qui domine de manière presque absolue le champ des études sur la bande dessinée et que la vogue des monographies contribua encore à renforcer [1]. Certes, de tels travaux

---

1. Harry Morgan et Manuel Hirtz ont publié un excellent « Guide des ouvrages de langue française consacrés à la bande dessinée » sous le titre *Le Petit Critique illustré*, PLG, 1997.

ont parfaitement leur place, mais, considérant les auteurs et les œuvres dans une sorte de solitude idéale, ils ont tendance à sous-estimer leur inscription dans le média.

Il ne s'agira pas non plus d'un parcours *génétique,* reconstituant, à la suite de l'exemple canonique d'Hergé[1], les différentes phases du travail, depuis la première idée jusqu'à la mise en couleur, en passant par le synopsis, le découpage et le crayonné. Si passionnantes soient-elles, de telles approches ne peuvent rendre compte que d'un processus d'élaboration. Or ce qui m'intéresse ici, c'est une lecture plus *analytique* des composants du langage de la bande dessinée, centrée sur les fonctionnements davantage que sur l'engendrement.

Malgré les apparences, le présent ouvrage n'entretient que des rapports assez lointains avec la sémiologie de la bande dessinée qui s'illustra dans les années soixante-dix par quelques ouvrages (notamment de Pierre Fremault-Deruelle) et un numéro de la revue *Communications.* En dépit de ses apports incontestables, celle-ci eut en effet tendance à importer de manière un peu volontariste des outils conceptuels issus de la linguistique, et surtout à considérer le média bande dessinée de manière un peu abstraite, presque indépendamment de l'usage qui en était fait.

C'est ainsi qu'au début d'un article intitulé « Cadre, plan, lecture » et consacré à des questions assez voi-

---

1. « Comment naît une aventure de Tintin » in *Le Musée imaginaire de Tintin,* Casterman, 1979. Philippe Goddin a prolongé et approfondi cette analyse dans son livre *Comment naît une bande dessinée. Par-dessus l'épaule d'Hergé,* Casterman, 1991. Et j'y reviens moi-même longuement dans *Hergé, fils de Tintin,* Flammarion, « Grandes biographies », 2002.

sines de celles que je vais développer ici, Michel Rio n'hésitait pas à déclarer :

> Nous aborderons ce problème en étudiant *(toujours sans nous préoccuper des signifiés de B.D.)* quelques tendances générales dans les choix d'organisation des cadres et des plans [1].

Ma perspective sera, sur ce point, entièrement différente, aux antipodes de cette parenthèse d'apparence anodine. La seule manière d'échapper au formalisme qui, souvent à juste titre, fut reproché aux sémiologues est de prendre en compte ces « choix d'organisation » dans leur relation avec ce que Michel Rio appelle les « signifiés de B.D. », c'est-à-dire de ne pas détruire cette cohérence quasi organique qui donne à chaque élément sa raison d'être [2].

---

1. *Communications 24, la bande dessinée et son discours*, Éd. du Seuil, 1976, p. 97. C'est moi qui souligne.
2. Cette accusation de formalisme pourra sembler curieuse, venant de quelqu'un dont le travail s'est toujours plu à souligner les vertus créatrices de la forme. C'est qu'il faut distinguer entre une affirmation des pouvoirs de la forme – que l'on pourrait baptiser « *formationnisme* » – et un formalisme qui n'est que sa caricature et finalement son antithèse. Là où le *formationnisme* dit qu'une forme peut engendrer du sens, le formalisme prétend qu'il est possible d'étudier une structure signifiante indépendamment de toute relation au signifié.
Ce rapport techniciste à la forme se double d'ailleurs fréquemment d'une idéologie sous-jacente tout à fait traditionnelle. La minutie quasi maniaque des analyses, l'appareil pseudo-scientifique qu'elles exhibent, dissimulent souvent un contenu des plus vieillots. Il est des analyses de films réalisées à la table de montage dont le discours latent est le *biographisme* ou le *psychanalysme* le plus primaire. Quoi d'étonnant de fait à ce que le terrain du sens, explicitement laissé à l'abandon, se voie subrepticement réinvesti par des notions passéistes ?

Un terrain me semble aujourd'hui s'ouvrir, qui ne soit ni celui de la pure grammaire du média, ni celui du simple discours sur les œuvres, mais celui d'une prise en compte effective des apports et des innovations de la bande dessinée, par-delà tout jugement de valeur a priori, toute hiérarchie préétablie.

Il me paraît à cet égard remarquable que trois des tentatives théoriques les plus pertinentes aient été réalisées sous une forme proche de la bande dessinée. En 1845, alors que le média n'existait encore qu'à l'état de promesse, Rodolphe Töpffer publiait un *Essai de physiognomonie* qui reste, sur bien des points, d'une troublante actualité [1]. Beaucoup plus récemment, Will Eisner, le créateur du mythique *Spirit,* a rassemblé la matière de nombreuses années d'enseignement sous le titre *La bande dessinée, art séquentiel* [2]. De manière encore plus radicale, un jeune auteur américain, Scott McCloud, publiait en 1993 une bande dessinée théorique intitulée *Understanding comics* [3].

Même si elles ne prennent pas une forme graphique, les réflexions ici rassemblées sont nées autant de la théorie que de la pratique, puisque j'ai eu la chance d'approcher la bande dessinée de ces deux manières, essayant ainsi d'établir une passerelle entre deux domaines trop souvent séparés. En dépit

1. Töpffer, *Essai de physiognomonie* in *L'Invention de la bande dessinée,* Hermann, Savoir : sur l'art, 1994.
2. Will Eisner, *La Bande dessinée, art séquentiel,* Vertige graphic, 1997.
3. Scott McCloud, *Understanding Comics,* Kitchen Sink Press, Northampton, 1993. Ce livre a été traduit sous le titre *L'Art invisible* aux éditions Vertige graphic en 1999. Un second volume du même auteur est paru en 2002 chez le même éditeur, *Réinventer la bande dessinée.*

d'un préjugé tenace, théorie et pratique, loin de s'opposer, peuvent mutuellement se relancer.

J'espère le montrer : l'analyse des spécificités de la case et de la planche, loin de restreindre la lecture, peut considérablement l'élargir. Je le souhaite plus encore : cet effort de compréhension du média devrait ouvrir de nouvelles voies, susciter de nouvelles idées. La bande dessinée aurait tout à y gagner : creusant davantage sa propre définition, elle mettrait au jour de nouveaux territoires ; explorant ses particularités, elle échapperait au ressassement dans lequel il lui arrive de s'enfermer [1].

---

1. Remarquable est à cet égard le travail entrepris par l'Oubapo, « Ouvroir de bande dessinée potentielle » dont l'*Oupus 1* a été publié par l'Association en janvier 1997. Mêlant dessinateurs et théoriciens, ce groupe explore avec humour et brio une série de pistes tout à fait passionnantes.

CHAPITRE 1

DE CASE EN CASE

Les mémoires d'une case

En février 1984, Pierre Sterckx ouvrait dans *Les Cahiers de la bande dessinée,* sous le titre « Cases mémorables », une rubrique à maints égards passionnante :

> Chaque lecteur de bandes dessinées les comptera par dizaines, ces cases exceptionnelles qu'il habita dans son enfance, et au sein desquelles il nidifia (une « case », c'est une petite maison), englué d'amour, de terreur et d'émerveillement. Et depuis, ce sont elles qui le hantent, lui revenant et revenant en mémoire, intactes, luminescentes et magiques.
> « Cases mémorables » se propose, en un inventaire infini, de les évoquer et commenter, telles qu'elles se manifestent dans l'imaginaire de leurs adorateurs : fétiches, objets partiels surestimés, hors de prix, hors du sens [1].

Ces quelques lignes enthousiastes, pourtant, il n'est pas sûr qu'elles répondent à toutes les questions qu'elles soulèvent.

---

1. *Les Cahiers de la bande dessinée* n° 56, février-mars 1984, p. 67.

Que la case soit mémorable paraît signifier, d'après Pierre Sterckx, que la dimension picturale domine la fonction narrative au point de la supplanter totalement :

> Images d'une telle valeur qu'elles se passeraient résolument de tout contexte, devenues œuvres à elles seules, tableaux de ferveur encadrés de nuit. La case, pas la séquence. Une image, pas le récit.

On le devine, ces « icônes uniques », dont il est précisé qu'elles seront « souvent muettes », ne peuvent guère être que d'amples compositions synthétiques, cousines de ces plans à grande profondeur de champ naguère exaltés par André Bazin, cousines surtout de ces vastes scènes que nous proposaient les peintres du passé.

Or, à y bien regarder, sont-ce réellement ces images qui sont au centre de la bande dessinée ? Sont-ce elles, vraiment, que l'on peut dire mémorables ? Sont-ce elles, en tout cas, qui fondent la nouveauté de ce qu'on appelle parfois le neuvième art ?

À de rares exceptions près, correspondant à un temps d'arrêt dans le récit ou au point d'orgue d'une séquence, la case mémorable m'apparaît comme un pur ectoplasme, un objet hallucinatoire produit par le fantasme rétrospectif du lecteur davantage que par le dessinateur. Allez les revoir ces fameuses images que vous croyez connaître par cœur, et vous serez surpris de les découvrir si petites, si simples, si solidaires de leur contexte ! Dans l'article qu'il publia quelques mois après l'ouverture de la rubrique, le cinéaste Marc-Henri Wajnberg montra fort justement, à propos de l'image finale de *Tintin au Tibet,* à quel point son souvenir avait pu la recomposer, en synthétisant des éléments de plusieurs vignettes [1].

Mais d'abord, sait-on ce que c'est qu'une case ? Quel est cet étrange objet dont on voudrait qu'on se souvienne ? Ce composant fondamental de la bande dessinée, base incontournable de son langage, est beaucoup moins facile à définir qu'il n'y pourrait paraître. Deux rapides détours – par le cinéma et par la peinture – devraient permettre d'y voir plus clair.

Case, cadre, cache

Il arrive souvent que l'on assimile la technique de découpage de la bande dessinée à celle que le cinéma pratique. La variation des angles, l'échelle des plans, le principe même de la fragmentation : bien des éléments semblent favoriser cette comparaison. Une observation moins rapide ne peut pourtant manquer de relever les différences entre les deux techniques [2]. L'une des plus frappantes concerne le cadre.

Au cinéma, le cadre est une donnée résolument fixe et pour tout dire absolue : entre le format imposé par la prise de vue et celui que révèle la projection, il y a redondance obligée. Les proportions de l'image sont inscrites dans la réalité matérielle du film. Il existe certes différents formats, ou plus exactement

---

1. *Les Cahiers de la bande dessinée* n° 59, septembre-octobre 1984, p. 70.
2. Coordonné par Gilles Ciment, un numéro entier de la revue *Cinémaction* a été consacré aux rapports de tous ordres entre le cinéma et la bande dessinée. Thierry Groensteen y a notamment procédé, de manière plus systématique que je ne puis le faire ici, à un « inventaire des singularités ». Voir *Cinémaction hors série, Cinéma et bande dessinée,* été 1990.

différentes proportions (1.25, 1.33, 1.66...), mais il est peu fréquent, et difficile, d'en utiliser plusieurs à l'intérieur du même film [1].

Dans une bande dessinée, à l'inverse, le cadre est un élément fondamentalement variable et pour ainsi dire élastique. En dehors du format général de la page – traditionnellement fixé par l'éditeur –, l'unique impératif est de partager la planche en un certain nombre de segments afin de séparer des actions qui dans le récit se succèdent. Les possibilités d'intervention sur la taille de l'image, assez rares au cinéma, sont ici presque infinies [2].

1. On sait pourtant qu'un cinéaste comme Abel Gance avait mis au point un système d'écran variable, véritable « accordéon visuel » capable de s'ouvrir ou de se refermer « selon les nécessités dramaturgiques ». Pour *Lola Montès,* Max Ophuls eut lui aussi recours à un système de caches pour modifier la partie visible de l'image, mais de telles expériences demeurèrent des plus marginales. Voir à ce sujet Gilles Deleuze, *L'Image-mouvement,* Éditions de Minuit, 1983, pp. 24-25 et Dominique Villain, *Le Cadrage au cinéma, l'œil à la caméra,* Éditions de l'Étoile, 1984, pp. 20-22.
2. Intermédiaire apparaît le statut du roman-photo. Il existe, effectivement, des contraintes au moment de la prise de vue (le format de la pellicule, la position horizontale ou verticale de l'appareil) et c'est donc sur une base matérielle réelle que s'appuie le cadrage. Le tirage dispose en revanche de deux options très différentes. Il peut reprendre sans modification les données de la prise de vue, restituant exactement l'image qui a été saisie (c'est le cas dans les séquences photographiques élaborées par Duane Michals ; voir par exemple *Vrais Rêves* aux éditions du Chêne). Il peut aussi s'en distinguer très fortement, considérant le négatif, non comme un absolu, mais comme un matériau transformable (les récits photographiques que j'ai réalisés avec Marie-Françoise Plissart jouent de cette possibilité – voir par exemple *Droit de regards* ou *Le Mauvais œil* aux Éditions de Minuit). Même dans ce second cas, une limite apparaît toutefois : le cadrage reste lié à diverses injonctions issues de la prise de

Les ressemblances entre cinéma et bande dessinée sont plus superficielles qu'on ne le croit souvent.

Andréas, *Cyrrus*.

De manière tout à fait caractéristique, lorsque le cinéma se trouve cité dans des albums aussi réfléchis que *Le Lotus bleu* d'Hergé ou *Cyrrus* d'Andréas, la projection vient s'inscrire dans des vignettes de dimension constante [1].

Le statut de la case de bande dessinée n'est pas moins différent de celui de l'image picturale. S'agissant de peinture, le mot même de cadre dit assez cette volonté de clôture. Car le cadre, c'est aussi cet encadrement qui, « en l'isolant de l'immense nature » [2], permet que le tableau soit perçu comme une totalité.

Dans un article fameux, André Bazin avait clairement montré, à cet égard, la différence entre le *cadre* pictural et le *cache* cinématographique :

> Les limites de l'écran ne sont pas, comme le vocabulaire technique le laisserait parfois entendre, le cadre de l'image, mais un cache qui ne peut démasquer qu'une partie de la réalité. Le cadre polarise l'espace vers le dedans ; tout ce que l'écran nous montre est au contraire censé se prolonger indéfiniment dans l'univers. Le cadre est centripète, l'écran centrifuge [3].

---

vue. Certaines transformations, théoriquement envisageables, s'avèrent sinon impossibles du moins fort peu satisfaisantes : tel recadrage spectaculairement vertical imposerait d'amputer la photo d'un de ses éléments essentiels. La prise de vue fait donc retour pour mettre en question le montage.

1. Une lecture détaillée de cet album d'Andréas est proposée par Jean-Claude Raillon dans son article « L'homme qui lit » in *Conséquences n° 13-14,* Les Impressions Nouvelles, Paris, 1990.

2. Charles Baudelaire, « Le cadre » in *Les Fleurs du mal.* Cité par Isabelle Cahn dans *Cadres de peintres,* Hermann, 1989, p. 39.

3. André Bazin, « Peinture et cinéma » in *Qu'est-ce que le cinéma ?*, Éd. du Cerf, 1985, p. 188. Dans ce texte fondamental qu'est « L'œuvre d'art à l'ère de la reproductibilité technique », Walter Benjamin complète à sa manière les propos de Bazin :

La chose commence à être claire : la case de bande dessinée ne relève d'aucune de ces deux catégories. Si elle n'est pas cette frontière chargée « d'établir une solution de continuité entre le tableau et son mur, c'est-à-dire entre le tableau et la réalité »[1], elle ne constitue pas davantage un simple prélèvement dans l'espace plus vaste de la scène. En bande dessinée, il n'existe aucun effet de cache et, sinon dans un sens métaphorique, aucun hors-champ.

Il existe par contre un espace absolument spécifique que l'on pourrait nommer le *péri-champ*. Constitué par les autres cases de la page et même de la double page, cet espace à la fois autre et voisin influence inévitablement la perception de la case sur laquelle les yeux se fixent. Aucun regard ne peut appréhender une case comme une image solitaire ; de manière plus ou moins manifeste, les autres vignettes sont toujours déjà là. Jean-Claude Forest l'explique fort bien :

> Nous savons tous qu'il y a d'abord une première lecture globale : on se laisse imprégner par l'ambiance, par le sens général qui s'offre sur les deux planches. Ce regard rapide circule à partir du haut à gauche et se

---

« Qu'on songe à toute la différence qui sépare l'écran, sur lequel se déroule le film, et la toile, sur laquelle se fixe le tableau ! La peinture invite à la contemplation ; en sa présence, on s'abandonne à ses associations d'idées. Rien de tel au cinéma ; à peine l'œil saisit-il une image que déjà elle a cédé la place à une autre ; jamais le regard ne réussit à se fixer » (*Œuvres 2 : Poésie et Révolution,* Éd. Denoël, coll. « Lettres Nouvelles », 1971, p. 204). Tout l'article de Benjamin mérite d'être lu et relu : quoique ne traitant jamais explicitement de la bande dessinée, il propose quelques concepts particulièrement efficaces pour l'analyser.

1. André Bazin, op. cit., p. 188.

poursuit vers le bas à droite. Puis vient le moment réel de la lecture[1].

Comme toute particularité d'un média, cette donnée peut renforcer un projet ou venir se jouer de lui. Les grands auteurs de bande dessinée se sont accommodés avec brio de cette contrainte singulière, organisant l'ensemble de la double page en fonction de préoccupations que l'on pourrait dire topologiques, là où bien des dessinateurs se contentent de juxtaposer leurs vignettes.

La première case et la dernière, la plus vaste ou la plus contrastée, sont autant de lieux stratégiques que le conteur peut investir. C'est ainsi que Forest inscrivait volontairement dans la plupart de ses planches une case au déchiffrage plus complexe, afin d'éviter que l'œil ne glisse trop rapidement.

> Le lecteur est d'abord un spectateur. Il importe donc que le dessin l'appelle constamment à la lecture. À cet effet, il me paraît important de prévoir sur chaque planche un minimum de spectacle. L'idéal, c'est d'avoir au moins une image attractive par page, et que cette image soit suffisamment intrigante pour qu'on ne puisse la comprendre qu'à la lecture du texte[2].

Le tableau en miettes

Une autre différence, peut-être plus fondamentale encore, vient éloigner l'image de bande dessinée des préoccupations de la peinture. Spatialement refermé

---

1. « Entretien avec Jacques Lob et Jean-Claude Forest » in Benoît Peeters, *Autour du scénario,* Revue de l'Université de Bruxelles, 1986, 1-2, p. 104.
2. *Autour du scénario,* op. cit., p. 108.

en raison de son cadre, le tableau ne l'est pas moins d'un point de vue temporel.

Objet clos et suffisant, le globe que contemple inlassablement l'astronome est l'une des plus parfaites métaphores de la peinture classique.
Vermeer de Delft, *L'Astronome,* 1668 (Paris, Musée du Louvre).

La force de la grande peinture narrative (celle de Bruegel et de Vinci, mais aussi de Balthus ou de Hopper) reposait souvent sur une *condensation* : résumer par un seul moment une situation complexe.

Le tableau arrête le mouvement, ou plutôt il est à la recherche de l'instant où il peut le suspendre sans le figer.

De là l'ambiguïté de bien des attitudes, l'attitude pensive de bien des personnages, de là ces actions immobiles – la lecture d'une lettre, la contemplation d'un globe terrestre, la lente pesée de quelques perles – qui donnent aux tableaux de Vermeer cet inépuisable pouvoir de fascination. De là ce jeu vertigineux des regards qui, dans *Les Ménines* de Vélasquez, renvoie de mille façons à la toile, permettant au spectateur de longuement s'y abîmer [1].

Le temps du tableau – qui est aussi celui de la pose – prend appui sur une anecdote qu'il abolit peu à peu. La tradition figurative mourra du reste sous les espèces de l'art pompier, c'est-à-dire sous la volonté de raconter véritablement une scène, là où la grande peinture narrative évoquait son absence ou ses intermittences.

La force de la bande dessinée dépend pour sa part d'une *segmentation* : retenir les étapes les plus significatives d'une action pour suggérer un enchaînement. Loin de se poser comme un espace suffisant et clos, la case de bande dessinée se donne d'emblée comme un objet partiel, pris dans le cadre plus vaste d'une séquence. Toute vignette, en ce sens, est « à suivre ».

Même chez un auteur aussi sage que Christophe, ce principe de fragmentation se trouve plus d'une fois activé. Ainsi, dans la planche intitulée « Premier

---

1. Je ne puis que renvoyer à l'admirable analyse de ce tableau proposée par Michel Foucault dans le premier chapitre de *Les Mots et les Choses,* Gallimard, Bibliothèque des Sciences humaines, 1966.

DE CASE EN CASE

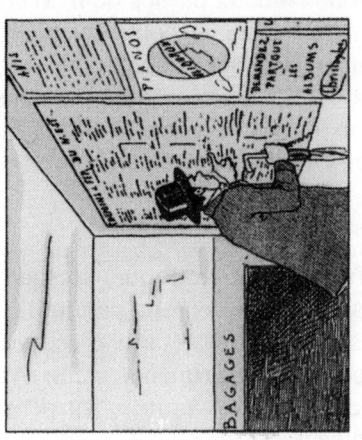

Mais M. Fenouillard est un homme astucieux. Il a découvert, sous la forme d'une chaise, la solution du problème. — « Prends bien garde, Agénor ! s'écrie Mᵐᵉ Fenouillard inquiète, si tu tombais, tu abimerais ta redingote neuve. »

Les dimensions du dessin précédent nous ayant forcé dt couper en deux M. Fenouillard, cette figure est simplement destinée à montrer la suite de l'excellent négociant aux personnes d'une intelligence bornée et d'une imagination faible.

Les paradoxes de la mise en case.
Christophe, *La Famille Fenouillard*, « Premier départ ».

départ », au début de *La Famille Fenouillard,* l'image se divise-t-elle en deux parties de manière à pouvoir accueillir entièrement le corps du père de famille. Gotlib, dans un épisode remarquable de *La Rubrique-à-brac,* poussera ce jeu jusqu'à ses conséquences les plus extrêmes, comme s'il lui était impossible de *mettre en case* sa girafe.

Parenthèse : la peinture par la bande

Il est du reste frappant de voir que, lorsque la bande dessinée classique représente la peinture, elle s'empresse le plus souvent de la défaire, c'est-à-dire d'y réintroduire, non sans impertinence, cette dynamique que le tableau s'était évertué à suspendre. Pensons à cette séquence fameuse du *Fantôme espagnol* de Willy Vandersteen où, après avoir commenté de manière irrespectueuse *Le Repas de noces* de Bruegel, Lambique reçoit en pleine figure une assiette de « pape au riz » envoyée par un des personnages. Souvenons-nous aussi de cette case célébrissime du *Secret de la Licorne* où Haddock vient crever le portrait de son ancêtre, faisant littéralement surgir la mobilité de la bande dessinée dans l'hiératisme d'une peinture d'époque.

Du tableau, la bande dessinée ne peut guère que montrer l'acte, le processus d'élaboration, comme l'ont fait, de manière très diverse, des albums comme *Petit Peintre* de Dupuy et Berberian, *Plagiat !* d'Alain Goffin ou *Le Portrait* d'Edmond Baudoin. À moins qu'elle n'accepte de mettre en scène l'instant de fascination – et donc d'immobilisation – que la peinture introduit dans le récit, ainsi que le font, explicitement, *La Tour* de Schuiten et Peeters et, plus souterrainement, *Feux* de Lorenzo Mattotti.

Mais si le style du récit ne permet d'intégrer aucune de ces options, la représentation picturale devient un véritable corps étranger, susceptible de mettre en péril la cohérence de la bande dessinée. Par-delà les circonstances, l'inachèvement de *Tintin et l'Alph-Art* me semble largement lié à cette impossibilité de figurer la peinture moderne dans ce qui la rendait chère à Hergé : soit les tableaux étaient montrés comme de vrais tableaux – et la bande dessinée risquait de se trouver minée par cette confrontation à des codes plastiques différents des siens –, soit ils étaient traduits dans un style « ligne claire » – et leur crédibilité picturale devenait des plus relatives.

À l'inverse, lorsqu'en 1906 un peintre moderniste comme Lyonel Feininger réalisa les planches légendaires des *Kin-der-Kids* à la demande du *Chicago Tribune,* il ne produisit nullement un équivalent, même lointain, de ses œuvres picturales. Et tout récemment, lorsque des dessinateurs comme Mœbius ou Rochette se sont laissé tenter par la peinture, il leur a fallu mettre de côté l'essentiel de leur savoir-faire d'auteurs de BD[1].

Une image en déséquilibre

On commence à l'entrevoir : l'un des traits fondamentaux de la case est son aspect fragmentaire ou, si l'on préfère, son incomplétude. Suivant en cela Pierre Fresnault-Deruelle, je définirai la vignette de bande dessinée comme une image « en déséqui-

---

1. Avec François Schuiten, nous avons tenté de pousser un peu plus loin sur la réflexion sur ce thème dans *L'Aventure des images, de la bande dessinée au multimédia,* Autrement, coll. « Mutations », 1996, p. 34-37.

libre »[1], écartelée entre celle qui la précède et celle qui la suit, mais non moins entre son désir d'autonomie et son inscription dans le récit.

Il se trouve que, pendant de longues années, j'ai eu sous les yeux une case de *La Marque Jaune,* admirablement traduite en sérigraphie par les éditions Décalage. Dans cette image isolée de son contexte et privée de son support habituel, les caractéristiques fondamentales de la bande dessinée sont si clairement à l'œuvre qu'elles en font pour moi une sorte d'apologue.

Fermée en haut par le phylactère et en bas par le bureau, recadrée par le chambranle de la porte, cette case d'Edgar P. Jacobs se donne d'abord comme une entité close, fortement séparée des vignettes adjacentes[2]. Composition puissante organisée autour d'un évident axe de symétrie, elle prouve son aptitude à exister indépendamment de tout contexte. L'action même qui s'y déroule accentue cette dimension : comme frappés de stupeur, les personnages restent en arrêt sur le pas de la porte.

Segmentée tant graphiquement (la lampe, le livre et le téléphone sont tranchés vifs par les limites de la case ; le mouvement de la porte suggère l'instantanéité) que littérairement (des points de suspension ouvrent et ferment le texte, la conjonction « mais » évoque un

---

1. *Dessins et Bulles,* Bordas, 1972, p. 19. Voir aussi, dans le numéro 13-14 de la revue *Conséquences,* l'article « La bande dessinée ou le tableau déconstruit » où ce point de vue se trouve développé avec précision.
2. Jacques Tardi, grand admirateur de Jacobs, systématisera ce procédé, notamment par l'usage méthodique d'un bandeau aveugle destiné à « recadrer l'image, pour caler le motif essentiel et concentrer l'attention sur lui ». (« Entretien avec Jacques Tardi » in *Les Cahiers de la bande dessinée* n° 63, Éd. Glénat, mai-juin 1985, p. 9.)

Un somptueux raccourci d'espace et de temps.
Edgar P. Jacobs, *La Marque Jaune*.

avant, les points d'interrogation appellent une réponse), l'image met aussi en scène, à proprement parler, le découpage qui la lie à ses voisines. Elle désigne le manque et se montre comme fragment d'un tout.

Mieux : ces deux aspects sont exemplairement attestés, ici, par les deux axes que doit emprunter le regard s'il veut saisir ce qui se joue dans cette image. Le premier, horizontal, nous entraîne de gauche à droite, nous permettant d'observer successivement les deux personnages et de prendre connaissance du texte. Le second, vertical, nous fait parcourir l'image de haut en bas, découvrant la Marque jaune en même temps que les employés du « Daily Mail ».

C'est cette tension explicite, cette quasi-contradiction entre les deux dimensions mises en œuvre, qui, selon moi, donnent à cette image son pouvoir de fascination. Isolée, agrandie, cette case devenue sérigraphie est plus que jamais révélatrice d'un amont et d'un aval qu'elle suppose en même temps qu'elle les dissimule. C'est sa qualité d'incomplétude (ce mystère qu'un simple retour à l'album suffirait pourtant à lever) qui permet au regard de sans cesse revenir s'y poser.

Ce n'est donc pas contre la bande dessinée qu'une telle image peut devenir tableau (en excluant naïvement tous les signes – phylactères, onomatopées ou indices de mouvement – qui pourraient la rappeler). C'est en assumant jusqu'au bout les spécificités de son art qu'elle réinvente à sa manière cette science des anciens peintres qui permet d'enfermer du temps dans un espace.

Le principe de métamorphose

Ce caractère partiel de la case peut prendre de multiples formes. Les unes concernent plutôt l'espace. Que l'on pense par exemple au découpage fétichiste des corps, inlassablement exploré dans les albums de Crépax. Que l'on songe à ces gros plans fragmentaires déclinés comme autant de leitmotive par les récits d'Andréas, *Watchmen (Les Gardiens)* de Moore et Gibbons, ou *Carpet's Bazaar* de Mutterer et Van.

Un auteur comme Alberto Breccia a joué en maître de ces compositions rythmiques où la même case se trouve reprise plusieurs fois sur la page. C'est notamment le cas dans son admirable adaptation du « Cœur révélateur » d'Edgar Poe où l'on peut compter, en quelques pages, jusqu'à dix occurrences de la même vignette. Par ce jeu d'échos et de rimes visuelles, de variantes infimes ou plus marquées, de telles images prennent une force qu'isolément elles n'auraient pu avoir [1].

Les autres relèvent plutôt du temps, l'une de ses figures privilégiées étant sans conteste la métamorphose. « Le changement, écrit joliment Antonio Altarriba, est l'oxygène de la bande dessinée [2]. »

Il est amusant de se pencher de ce point de vue sur une brève séquence muette publiée au début du siècle dans un journal humoristique hongrois. Ce document étonnant – puisqu'il s'agit de l'unique illustration reproduite dans *L'Interprétation des rêves* de Sigmund Freud [3] – condense, en un découpage inventif

---

1. Cette adaptation d'Edgar Poe a été analysée par Thierry Groensteen dans « Le cadavre tombé de rien ou la troisième qualité du scénariste » in *Autour du scénario,* op. cit. Jacques Samson s'y est également intéressé lors du colloque de Cerisy de 1993 consacré à *La Transécriture* (Éditions Nota Bene, Québec et CNBDI, Angoulême, 1998).
2. « Propositions pour une analyse spécifique du récit en bande dessinée » in *Bande dessinée, récit et modernité,* op. cit., p. 36.
3. La première édition allemande de ce livre est parue en 1905. La planche qui m'occupe n'est évoquée dans l'ouvrage qu'à propos de la « symbolique urinaire ». Elle est reproduite à la page 316 de l'édition française, publiée par les Presses Universitaires de France.

Les vertus de la répétition : une ressource trop rarement exploitée de la bande dessinée.

Alberto Breccia,
Le Cœur révélateur et autres histoires extraordinaires.

et rigoureux, un grand nombre de procédés fondamentaux de ce qu'on pourrait nommer « le travail de la bande dessinée ».

Les huit cases sont d'un format constant, mais le champ de vision ne cesse de s'élargir, en même temps que s'amplifie l'inondation, en une sorte de « changement à vue » parfaitement mis en scène. Car, pour mieux souligner les mutations, chaque image reprend de nombreux éléments de celle qui la précède : la gouvernante et le bambin sont présents dans toutes les cases, de même que la composition en diagonale, qui conduit très naturellement le regard à travers la planche. Aucune de ces vignettes ne porte le récit de manière privilégiée ; c'est sur leur enchaînement que tout repose.

Sur ce point comme sur bien d'autres, peu d'auteurs peuvent rivaliser avec Winsor McCay. Car la métamorphose constitue l'un des ressorts les plus fondamentaux de séries comme *Dreams of the Rarebit Fiend (Les Cauchemars de l'amateur de fondue au chester)* et *Little Nemo in Slumberland*. Tout se modifie, à commencer par le malheureux protagoniste. Non content de n'être *personne,* le voici qui se change en n'importe quoi. Il grandit, rapetisse, grossit, s'aplatit, se travestit ; il noircit, fond, prolifère, devient image ou statue, en une suite d'altérations qu'Altarriba proposait naguère de nommer « le syndrome de Nemo »[1].

La métamorphose n'affecte pas que le héros. La jolie petite Rose, courtisée par Flip, se transforme en sorcière ; la fleur qu'elle lui tend devient un chat crevé. Les lits se mettent à marcher ; les maisons courent, se brisent ou s'envolent ; les colonnes

---

1. *Bande dessinée, récit et modernité,* op. cit., p. 35. Il est permis de rêver à ce que Freud aurait pu dire des pages de *Little Nemo* si elles lui étaient tombées entre les mains.

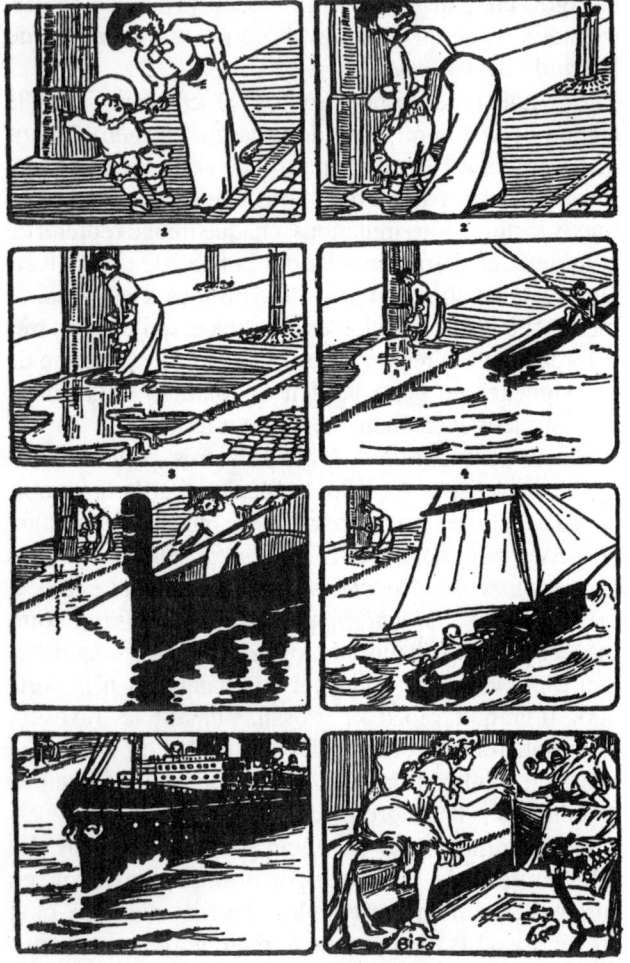

Un gag remarqué par le psychanalyste Sandor Ferenczi dans un journal humoristique hongrois. Il s'agit de l'unique illustration figurant dans *L'Interprétation des rêves* de Freud.

grecques se changent en arbres et les arbres en rhinocéros. Le dessin lui-même s'altère, le trait léger de McCay se muant en « mauvais dessin ».

Déjà privilégiée dans *Alice au pays des merveilles,* une figure a les faveurs de McCay : la disproportion. Les larmes de Nemo inondent la ville entière, les immeubles deviennent minuscules, les mûres et les framboises grossissent de façon redoutable et le crâne du grand-père peut servir de patinoire. De ces jeux du grand et du petit, où la tradition gulliverienne se croise avec une réflexion sur l'échelle des plans, la page du 3 janvier 1909 offre une illustration quasi emblématique. Nemo est en train de ranger sagement des petites figurines d'animaux dans une arche de Noé miniature lorsque ceux-ci se mettent à prendre vie et sortent, de plus en plus nombreux et de plus en plus grands, envahissant les cases jusqu'à en déborder. La girafe chère à Gotlib est déjà au rendez-vous.

Rien n'est stable, tout est susceptible de métamorphoses, y compris les objets les plus paisibles, les images les plus rassurantes. McCay, qui dans l'une de ses premières œuvres, les *Tales of Jungle Imps,* s'était plu à illustrer de manière fantaisiste l'origine des espèces animales, met l'évolution sens dessus dessous en une version affolée du darwinisme. Dès ses premiers travaux, il a saisi ce caractère de *multicadre mutationnel* où Henri Van Lier voit l'essence de la bande dessinée :

> Elle engendre impérativement des transformations, soit au sens large de changements à l'intérieur d'une forme, soit au sens strict de passages d'une forme à une autre, ou catastrophe [1].

---

1. « La bande dessinée, une cosmogonie dure » in *Bande dessinée, récit et modernité,* op. cit., p. 5.

La Cage de Martin Vaughn-James pourrait être considérée à cet égard comme une extrapolation radicale de certains aspects de *Little Nemo*. En cet album de cent quatre-vingts pages que ne traverse aucun personnage, l'auteur bâtit un univers obsessionnel d'une rare puissance, à partir de la transformation méthodique de quelques lieux et quelques objets : une chambre peu à peu envahie par le sable, des murs qui se lézardent à vue d'œil, une végétation proliférante qui recouvre des ruines, etc. Dans ce livre singulier, toute trajectoire dans l'espace se double d'une évolution temporelle, en une prise au sérieux paradoxale de ces mécanismes de différence et de répétition, caractéristiques de la bande dessinée [1].

Les plaisirs de l'entre-deux

La case constitue donc une variable dans un ensemble, un instant dans une continuité. C'est le jeu des contrastes et des complémentarités qui fait sa force et sa valeur, aux antipodes de la case-tableau, naïve velléité d'assomption artistique.

Même quand une vignette se donne des allures plus spectaculaires – comme certaines grandes cases

---

1. Éditée au Canada par The Coach House Press (Toronto) en 1975, *La Cage* a été publiée en français en 1986 par les Impressions Nouvelles (Paris). Pour plus de détails sur cet album hors normes, souvent cité mais trop peu lu, voir Martin Vaughn-James, « Le non-scénario de *La Cage* » in *Autour du scénario,* op. cit., ainsi que Jean Baetens et Pascal Lefèvre, *Pour une lecture moderne de la bande dessinée,* Centre Belge de la Bande dessinée, Bruxelles, 1993. On lira surtout le remarquable essai de Thierry Groensteen, *La Construction de* La Cage, paru en 2002 aux Impressions Nouvelles.

chez Hergé –, des éléments viennent insister sur son caractère fragmentaire. Les phylactères, les onomatopées, mais aussi les signes qui marquent le mouvement, la violence ou la stupeur sont autant de manières de décomposer le tableau. Ainsi de ce « Tchang ! » retentissant qui, au début de *Tintin au Tibet* bouleverse la quiétude d'une soirée à l'Hôtel des Sommets. Remarquons-le : ce sont notamment des emblèmes caractéristiques de l'immobilité – parties de cartes ou d'échecs, puzzle, lectures, tricot, correspondance, sans oublier un cadre dans le coin supérieur droit – qui se trouvent propulsés en tous sens par le cri de Tintin.

C'est que chez Hergé comme chez la plupart des grands créateurs de bande dessinée, le tableau se distribue dans l'espace. Il n'existe qu'éparpillé, suivant un effet que l'on pourrait dire de *domino* : chaque case se doit de contenir à la fois un rappel de la précédente et un appel de la suivante. La continuité narrative reposant presque exclusivement sur les images, aucune ne peut faire *bande à part*. Même la planche la moins narrative qui soit, celle qui ne serait formée que de deux cases muettes, appelle un regard itinérant. La véritable magie de la bande dessinée, c'est entre les images qu'elle opère, dans la tension qui les relie. Minimiser ce travail de distribution dans l'espace et le temps serait, pour la bande dessinée, abdiquer de sa plus radicale innovation pour s'aligner sur un autre art[1].

---

1. Scott McCloud a établi une intéressante distinction entre six types d'ellipses dans son livre *L'Art invisible* (Vertige graphic, 1999). Il différencie ainsi les raccords de moment à moment, d'action à action, de sujet à sujet, de scène à scène, d'aspect à aspect, et enfin sans lien apparent (*non sequitur*). Voir surtout les pages 60 à 81.

Chez Hergé, à la limite, ce sont les « blancs » mémorables qu'il faudrait analyser, ces intervalles entre deux vignettes prodigieux de justesse et d'audace : ellipses foudroyantes, raccords de mouvement, soudaines dilatations du temps [1].

Observons par exemple cette chute spectaculaire du capitaine Haddock, à l'aéroport de New Delhi. Il n'est douteux pour personne qu'il soit tombé et nous jurerions même d'avoir vu cette image si le strip n'était là, sous nos yeux, pour nous prouver le contraire. C'est que l'habile construction de la scène et le souvenir d'autres albums sont parvenus à engendrer ce que l'on pourrait nommer une *case fantôme,* vignette virtuelle entièrement construite par le lecteur [2].

Regardons ensuite ces trois bandes, qui comptent parmi les plus minces qu'ait jamais dessinées Hergé. Certes, chacune d'elles est déjà remarquable par la complexité qu'elle réussit à introduire dans un espace aussi réduit. Mais n'est-ce pas avant tout de leur superposition que provient l'humour de la

---

1. *L'espace intericonique* – que l'on appelle souvent la *gouttière* – n'est pas nécessairement blanc. Parfois constitué d'un simple trait, chez Töpffer comme chez Bretécher, il peut aussi être noir, ou être mis en couleur pour mieux s'intégrer à la composition de la page, comme chez Miguelanxo Prado. Il arrive même, j'y reviendrai dans le chapitre 2, que cette démarcation entre les vignettes reste purement virtuelle : c'est parfois le cas chez Will Eisner. Mais ces variantes plastiques ne modifient pas fondamentalement la fonction de cette séparation entre les cases.

2. Le premier album de Marc-Antoine Mathieu, *L'Origine* (Éditions Delcourt, 1990), propose un jeu remarquable autour de questions de cet ordre. Une case effectivement évidée – qualifiée dans le récit d'*anti-case* – ouvre sur les pages qui précèdent et qui suivent, ménageant de passionnantes secousses narratives.

Une image de chute qui demeure purement virtuelle.
Hergé, *Tintin au Tibet*.

L'essentiel se passe entre les trois cases, dans la « diagonale du capitaine ».
Hergé, *Tintin au Tibet*.

scène ? N'est-ce pas de leur enchaînement que naît la compréhension ? Aucun tableau n'aurait pu dire, en une seule composition, ce que Hergé met en place avec ces trois vignettes, dessinant en creux ce que l'on pourrait nommer *la diagonale du capitaine* [1].

Examinons enfin ce panoramique sur les hauteurs de l'Himalaya. Bien au-delà d'un raccord des lignes du décor souvent repris par d'autres auteurs comme un simple gadget, ces trois cases proposent une double lecture. Car si l'arrière-plan est strictement continu, les avant-plans soulignent au contraire la différence entre les vignettes. Et si les trois traces laissées par les marcheurs semblent converger vers le centre de la bande, n'est-ce pas pour accentuer le va-et-vient du regard, perdu dans ce labyrinthe de blancheur...

Winsor McCay, de même, a joué de manière forte sur les possibilités offertes par le raccord au sein d'une bande d'images. C'est ainsi que le 13 novembre 1910, lorsque le dirigeable emmenant Little Nemo et ses compagnons arrive en vue de New York, le premier strip propose une image globale, mêlant trois niveaux de figuration de façon tout à fait étonnante : au pre-

---

[1]. Plusieurs des premières bandes de Régis Franc – et par exemple ce délicieux pastiche de *Mort à Venise* intitulé « Un milliardaire très simple » (*Histoires immobiles et récits inachevés,* Dargaud, 1977, p. 23-27) – reposent sur la radicalisation du principe mis en place dans ces trois bandes d'Hergé. Ces simulacres de plans-séquences, bien loin de le contester, exacerbent le caractère fragmentaire de la bande dessinée, soulignant à leur manière la nature partielle de la case. Comme chez McCay, dont le premier Régis Franc est l'un des héritiers les plus conséquents, c'est entre les images bien plus qu'au sein de chacune d'elles que la magie opère.

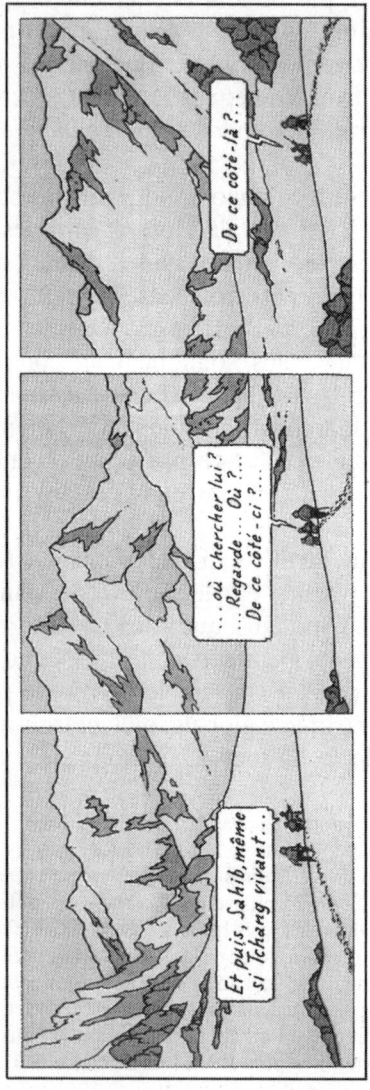

Au sein d'un strip, deux traitements antagonistes de l'espace.
Hergé, *Tintin au Tibet*.

mier plan, la partie avant de la nacelle est reprise de case en case presque sans transformation ; au centre, le paysage continu de la baie se déploie en une sorte de panorama ; à l'arrière-plan, le ballon des douanes se rapproche peu à peu des personnages. Aberrant d'un point de vue réaliste, impensable dans un autre média, l'espace ainsi proposé est d'une évidence si parfaite que le lecteur le déchiffre sans hésiter un instant. De telles images suffiraient, pour moi, à justifier l'existence de la bande dessinée en tant qu'art.

La tentation structuraliste

Parvenu à ce point, un rien d'autocritique ne sera peut-être pas superflu. Lorsqu'une première version de ces pages parut en 1985 dans *Les Cahiers de la bande dessinée,* la démonstration, à partir d'un éloge de ces cases discrètes et nécessaires sur lesquelles l'œil risque sans cesse de glisser, s'avançait à grands pas vers cette conclusion tonitruante : « Il n'y a pas de case mémorable. »

Mon point de vue, aujourd'hui, est un peu différent.

Et si je continue de mettre en cause la *déviation picturaliste* qui se dégageait, me semble-t-il, des propos de Pierre Sterckx, je ne serais guère moins sévère pour la *tentation structuraliste* dont témoignait mon propre texte.

À mettre constamment l'accent sur les relations qui unissent les cases au sein d'une page (ou les plans dans une séquence cinématographique), on risque de les faire passer pour les pièces d'un jeu quasi combinatoire, fragments d'un puzzle ne prenant sens que dans sa totalité et donc presque insignifiants tant qu'on les considère individuellement.

Le danger n'est pas mince : c'est celui d'un insidieux désinvestissement de l'image, délaissant sa force plastique au profit de la seule construction d'ensemble, comme un musicien qui en viendrait peu à peu à se désintéresser du timbre des instruments pour ne plus se préoccuper que des structures mathématiques de sa composition, comme un écrivain qui perdrait de vue la sonorité des mots et le rythme des phrases, obsédé qu'il serait par l'architecture de son œuvre. Or, si elle est bien dominée par le principe d'incomplétude, la case n'est pas pour autant une simple entité combinable, qui tirerait tout son intérêt du dispositif dans lequel elle est prise.

Bien que prise dans un réseau de relations, la case n'est pas une simple entité combinable.
Milton Caniff,
Terry et les Pirates, 20 février 1938.

Les plus grands créateurs de bande dessinée sont toujours parvenus à mettre l'accent à la fois sur les paramètres internes à la case et sur les relations qui les unissent. Une incessante mobilité leur permet de se faire tantôt myopes et tantôt presbytes, comme si des verres à double foyer les rendaient capables de voir leurs images alternativement de très près et de très loin. L'attention accordée au grain du dessin ne leur interdit jamais des perspectives plus aériennes [1].

---

1. Dans un texte plus récent, « Les silences du dessinateur », Pierre Sterckx en est d'ailleurs arrivé à une position assez voisine de celle que je soutiens actuellement. Sans cesser d'explorer la magie propre du dessin, il prend davantage en compte l'inscription de la case au sein de la planche, et dans le cadre plus vaste du récit. Voir le catalogue *Hergé dessinateur,* Casterman, 1989, p. 15-18. Pierre Fresnault-Deruelle vient de développer le principe des « cases mémorables », toujours à propos des *Aventures de Tintin*, dans son livre *Hergé ou la profondeur des images plates*, éditions Moulinsart, 2002.

CHAPITRE 2

LES AVENTURES DE LA PAGE

Découpage et mise en pages

La chose semble entendue : l'un des traits caractéristiques de la bande dessinée est de proposer la mise ensemble d'une narration par images fixes et d'une segmentation de la page. Ou si l'on préfère la réunion d'un *découpage* (agencement de cases destiné à être progressivement dévoilé) et d'une *mise en pages* (« groupement de vignettes qui couvrent la surface entière » de la planche [1]).

Il convient de le souligner : une page formée d'une série de dessins ne suffit pas à garantir qu'on se trouve en présence d'une bande dessinée. Thierry Groensteen l'a fort bien montré dans son texte « La narration comme supplément » : loin de constituer un amalgame, un inventaire, une variation, une déclinaison ou une décomposition d'images, la page de bande dessinée se donne comme une *articulation narrative* de vignettes [2].

---

1. Définition de Roman Gubern citée par Pierre Fresnault-Deruelle dans son article « Du linéaire au tabulaire », *Communications 24, la bande dessinée et son discours,* Éd. du Seuil, 1976, p. 18.
2. Communication au colloque de Cerisy de 1987, reprise dans *Bande dessinée, récit et modernité,* op. cit., pp. 45-69. Thierry Groensteen est revenu depuis sur ce point, et de nombreux autres, dans son ouvrage *Système de la bande dessinée*, PUF, 1999.

L'une des spécificités du média est donc de mettre en jeu deux dimensions quasi contradictoires, la première appartenant plutôt à l'ordre du temps, la seconde à celui de l'espace. Reprenant une distinction proposée naguère par Raoul Ruiz et Jean-Louis Schefer, je dirai que la bande dessinée repose, à chaque instant, sur une tension entre le *récit* et le *tableau*[1]. Le récit qui, englobant l'image dans une continuité, tend à nous faire glisser sur elle. Le tableau qui, l'isolant, permet qu'on s'y arrête.

Cette double temporalité marque une nouvelle différence par rapport au cinéma, art fondamentalement linéaire.

Le cinéma pourrait en effet être dit immédiatement narratif : dans un film, chaque nouveau plan a, en dehors même de son contenu, un caractère inattendu ; on ne pouvait jamais le *pré-voir*.

Le récit est en revanche moins évident dans une bande dessinée : chaque double page s'offre d'un seul coup au regard avant d'être déchiffrée case après case. Tout effet inhabituel risque donc d'être désamorcé avant la lecture : on peut avoir *vu* cette image avant de l'avoir *lue*. L'auteur de bande dessinée dispose par contre d'une ressource que le cinéaste ne connaît pas : le fait de devoir tourner la page. Un gag ou un suspense peuvent avoir été préparés pendant deux planches avant de trouver une chute, totalement imprévue, de l'autre côté de la feuille.

---

1. Raoul Ruiz, Jean-Louis Schefer, « L'image, la mort, la mémoire », *Ça cinéma n° 20*, Éd. Albatros, p. 70. L'on se gardera bien sûr d'identifier le récit au texte et le tableau à l'image. Beaucoup d'aspects d'un dialogue sont dépourvus de fonction narrative alors que de nombreux éléments d'un dessin en comportent.

Contrairement au cinéma, la bande dessinée doit donc jouer de deux paramètres très différents : la *linéarité* de la succession des cases – induite par le découpage – et la *tabularité* de la planche – suscitée par la mise en pages. Examiner la manière dont la bande dessinée assume ou refoule son hétérogénéité constitutive, étudier l'incidence des différents choix sur le mode de lecture, tel sera le propos de ce chapitre.

Quatre conceptions de la planche

Une combinatoire élémentaire, tenant compte des deux composants de la bande dessinée précédemment mis au jour et des différents types de relation qui peuvent s'installer entre eux, permet de distinguer quatre grands modes d'utilisation de la page et de la case (figure 1).

	AUTONOMIE RÉCIT/TABLEAU	DÉPENDANCE RÉCIT/TABLEAU
DOMINANCE DU RÉCIT	Utilisation conventionnelle	Utilisation rhétorique
DOMINANCE DU TABLEAU	Utilisation décorative	Utilisation productrice

Un schéma plus détaillé permettra sans doute de se faire une première idée de ces quatre conceptions (figure 2).

	EXEMPLES	RELATION AU RÉCIT
CONVENTIONNELLE	Hubinon : *Buck Danny* Bretécher : *Les frustrés*	neutralité
DÉCORATIVE	Jacobs : *La grande pyramide* Druillet : *Délirius, Gaïl*	émancipation
RHÉTORIQUE	Hergé : *Tintin* Sokal : *Canardo*	expressivité
PRODUCTRICE	McCay : *Little Nemo* Franc : *Histoire immobiles*	engendrement

D'entrée de jeu, il convient de le souligner : la classification proposée ici n'est pas de nature historique. Elle ne distingue pas des périodes ou des courants, ni même des auteurs ou des œuvres, mais simplement des opérations. Les frontières entre les catégories n'ont donc rien d'intangible. Elles sont prises dans un jeu de perpétuelle redéfinition. Certaines mises en pages d'Hergé ou de Jacobs sont typiquement productrices ; beaucoup de planches de McCay ou Régis Franc sont plutôt décoratives. Dans chaque cas, il convient de juger sur pièces.

Utilisation conventionnelle

Certes, la première catégorie – celle que j'ai qualifiée de conventionnelle et que certains préfèrent appeler régulière – correspond partiellement à une période où le souci de la planche en tant qu'ensemble organisé n'existait guère, puisque tout se trouvait conçu en fonction des nécessités de la publication dans les quotidiens. Le scénariste Jean-Michel Charlier l'expliquait fort bien :

> Au début de ma carrière, on vous imposait un découpage tel que la planche puisse se diviser et s'agencer de différentes façons. C'est-à-dire que la page, qui était idéalement composée de quatre bandes de trois dessins, devait pouvoir se recomposer en strips quotidiens, ou même en colonnes. Cela a notamment été le cas pour *Buck Danny,* dans *Spirou* ; cet agencement était censé permettre des reventes multiples d'une histoire[1].

---

1. « Entretien avec Jean-Michel Charlier » in *Autour du scénario,* Revue de l'Université de Bruxelles, 1986, 1-2.

Chaque jour, une bande de trois ou quatre images, d'un format strictement constant, venait donc s'ajouter à toutes celles qui précédaient. Lorsque survenait une édition en volume – ce qui n'était que rarement le cas –, les strips se trouvaient rassemblés l'un en dessous de l'autre sur une page qui n'était rien d'autre qu'un lieu aléatoire, impensé lors de l'élaboration.

Krazy Kat, le chef-d'œuvre d'Herriman, fut soumis à une contrainte du même type par les *Syndicates* entre 1925 et 1929. Un dessinateur comme Hugo Pratt, qui a longtemps travaillé dans un cadre comme celui-là, en conserva l'habitude de dessiner par strips, de manière à pouvoir monter et remonter ses planches en fonction du contexte de publication[1].

L'utilisation conventionnelle de la case et de la page est toutefois loin de se limiter à cette période de l'histoire de la bande dessinée. On la rencontre chez beaucoup d'auteurs qui n'ont jamais été soumis aux exigences de la publication par strips quotidiens et chez qui, pourtant, la page se trouve divisée en un certain nombre de lignes de même hauteur (souvent quatre), elles-mêmes divisées en un certain nombre de cases (de deux à cinq). La disposition générale de la planche crée donc les conditions d'une lecture régulière (de gauche à droite et de haut en bas), très voisine de celle d'une page d'écriture (figures 3 et 4). C'est ce qu'André Franquin avait judicieusement baptisé « le gaufrier ».

---

1. Hugo Pratt, *De l'autre côté de Corto,* entretiens avec Dominique Petitfaux, Casterman, 1990, p. 160.
Une résurgence d'un fonctionnement de ce type a été amenée voici quelques années par le remontage d'une série de bandes dessinées pour l'édition en format de poche. Les ravages occasionnés par une telle déstructuration de la planche sont manifestes, sauf justement pour les mises en pages conventionnelles.

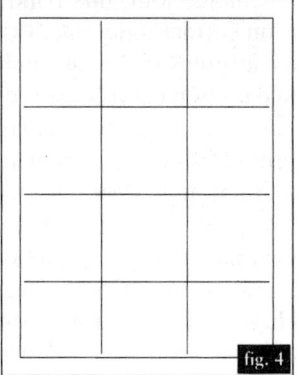

**Une page typique
de *Buck Danny*
de Charlier et Hubinon.**

**Une page typique
des *Frustrés*
de Claire Bretécher.**

Le caractère conventionnel par lequel ce mode d'organisation se trouve défini doit être entendu au sens propre et non comme jugement de valeur. Il s'agit d'un système fortement codifié, où la disposition des cases dans la planche, à force de se répéter, tend à devenir transparente [1].

Les utilisations les plus intéressantes de ce principe sont d'ailleurs celles qui, loin de l'atténuer, poussent jusqu'au bout cette constance du cadre pour aboutir à

---

1. En un sens, d'ailleurs, toute mise en pages est conventionnelle dès lors qu'elle respecte un format constant de planche. La vertu créatrice de cet « hypercadre » doit du reste être soulignée : c'est lui qui, transformant une pure surface indifférenciée en un espace inducteur de fiction, permet à l'imagination de se mettre en route.

Il est certes possible de concevoir une bande dessinée qui, à chaque instant, serait en mesure de redéfinir le format de ses planches. Pour échapper à l'esthétisme, il lui faudrait alors disposer d'un système de règles capable de rendre compte de ces variations incessantes. Sur ce plan comme sur d'autres, l'album de Martin Vaughn-James *La Cage* demeure tout à fait exemplaire.

une sorte de plan fixe déroulé sur la page. Des dessinateurs humoristiques comme Schulz, Feiffer, Bretécher, Wolinski ou Copi ont donné des exemples remarquables de séquences où la moindre modification, dans les gestes ou les jeux de physionomie, prend une valeur considérable du fait de la régularité de l'ensemble.

Même un dessinateur d'aventures « réalistes » comme Hugo Pratt s'est servi plusieurs fois de dispositifs de ce genre, comme dans cette planche remarquable de *Tango* où les personnages se déplacent à peine dans un cadre inchangé, en une sorte de plan-séquence. Au lieu d'essayer d'aérer son dialogue en variant artificiellement les angles de vue, Pratt renforce l'effet de la scène en concentrant l'attention du lecteur sur quelques modifications minimales dans l'action et les attitudes.

Il est d'ailleurs frappant de constater que plusieurs bandes dessinées modernes – *Watchmen* de Moore et Gibbons, *C'était la guerre des tranchées* de Tardi, *Lapinot et les carottes de Patagonie* de Trondheim, *Cité de verre* de Mazucchelli[1] et de nombreux ouvrages d'un dessinateur aussi inventif que Joan Sfar – exacerbent cette contrainte en la poussant jusqu'à ses limites. En réalisant l'album *Demi-tour* avec Frédéric Boilet, j'ai eu moi-même l'occasion de découvrir à quel point le « gaufrier » pouvait s'avérer stimulant. Mais il est probable que ces usages d'une mise en pages régulière, sitôt qu'ils se radicalisent,

---

1. En exhibant démesurément le nom de Paul Auster, la traduction française de *Cité de verre* parue chez Actes Sud minimise les vertus de l'exceptionnel travail d'adaptation réalisé par David Mazucchelli. Loin d'avoir été – comme tant de romans – l'objet d'une simple illustration, le texte de Paul Auster s'est trouvé réellement réinventé lors de son passage en bande dessinée.

**Fait rare en bande dessinée :
le jeu sur la mise en pages
s'étend jusqu'à la couverture.**

relèvent de ce que je décris plus loin comme une utilisation productrice. Loin d'être subie, la grille de mise en pages y devient déterminante [1].

1. Je le reconnais volontiers, ce point est l'un de ceux sur lesquels mes conceptions ont fortement évolué depuis la première édition de cet ouvrage, et surtout depuis la version initiale de ces pages, telles qu'elles furent publiées en 1983 dans le n° 1 de la revue *Conséquences*. Les critiques de Thierry Groensteen – formulées notamment dans « Un premier bouquet de contraintes » in *Oubapo 1,* l'Association, 1997, p. 35-38 –, mais aussi mes propres expériences de scénariste m'ont fait revenir sur une position de départ exagérément dogmatique. Aujourd'hui toutefois, la tendance s'est inversée : chez certains des meilleurs auteurs de la jeune génération, la défense du « gaufrier » prend un caractère quelque peu terroriste ; c'est comme si tout autre usage de la planche relevait d'un maniérisme malvenu. La lecture des passionnants entretiens rassemblés par Hugues Dayez sous le titre *La Nouvelle Bande dessinée* (éditions Niffle, 2002) est à cet égard édifiante.

Les vertus de l'immobilité.
Hugo Pratt, *Tango*.

Utilisation décorative

Aux antipodes de cette première conception, on rencontre l'utilisation de la planche et de la case que j'ai qualifiée de décorative. Si le premier système privilégiait l'aspect narratif de la bande dessinée, c'est la dimension tabulaire, ici, qui domine très nettement.

Dans les œuvres des principaux représentants de cette tendance – qui se développa essentiellement chez les dessinateurs européens de l'après-68 et dans les *comics* des années quatre-vingt et quatre-vingt-dix, mais que l'on rencontre déjà chez des classiques comme Burne Hogarth et Edgar P. Jacobs – la page est envisagée comme une unité indépendante, dont l'organisation esthétique prime toute autre préoccupation.

Le premier système était hanté par le modèle de l'écriture ; celui-ci est fasciné par la peinture. L'on sait du reste à quel point un dessinateur comme Hogarth était préoccupé de s'inscrire dans la grande tradition de l'art occidental. Les *lianes* qu'affectionne Tarzan semblent être avant tout pour lui le moyen de jeter des *liens* entre les cases : courant à travers la double page, leurs lignes décrivent un vaste mouvement circulaire, mais celui-ci fonctionne surtout comme un supplément décoratif presque indépendant de la narration.

Deux exemples, quoique presque opposés en apparence, devraient permettre de mieux comprendre le fonctionnement de cette tendance (figures 5 et 6). Plus question de pages « typiques » ici : chaque planche doit être différente de toutes les autres, la volonté de surprendre étant l'une des caractéristiques de cette conception [1].

---

[1]. L'album de Tardi *Le Démon des glaces* (1974) a systématisé cet effet. Comme l'a bien montré Thierry Groensteen, les 52 pages de ce livre « sont toutes organisées symétriquement, selon autant de modèles différents » (*Oubapo 1*, op. cit., p. 37).

Dans l'un et l'autre cas, il apparaît nettement que la mise en pages a été prédessinée. Les rapports de lignes, les équilibres symétriques, sont trop parfaits pour avoir été obtenus par accident. De toute évidence, la planche a été conçue comme un objet effectif que l'on a voulu aussi harmonieux que possible.

Dans l'un et l'autre cas, non moins, on remarque, sitôt que l'on observe la page réelle et non plus seulement sa figuration géométrique, que l'effet visé est d'ordre simplement esthétique. Le récit ne tire guère de conséquences de cette disposition particulière ; il s'inscrit tant bien que mal dans un cadre prédéfini [1].

Bien des effets d'allure spectaculaire, tels les incrustations de cases et les débordements hors des limites du cadre, obéissent à une logique de cet ordre : loin de correspondre à une véritable invention, ils fonctionnent souvent comme de simples dégradations de la continuité séquentielle, voire comme des compensations de sa pauvreté. Il n'est pas sûr, ainsi, que les bouleversements graphiques prodigués par bon nombre de *comics* des années 1980 et 1990 aient renouvelé en profondeur le rapport à la narration [2].

---

1. Encore convient-il de nuancer dans le cas d'Edgar P. Jacobs. Soumis à un principe narratif autrement contraignant que celui des épopées intergalactiques de Druillet, le créateur des *Aventures de Blake et Mortimer* découvrit souvent d'ingénieuses solutions de cadrage ou de découpage pour faire coïncider le récit avec ses préoccupations esthétiques. Si l'utilisation décorative me semble dominer dans son œuvre, elle se double fréquemment d'effets rhétoriques ou producteurs.

2. La même remarque pourrait s'appliquer à bon nombre d'effets vidéo : sitôt passé le premier moment de surprise, c'est leur vanité qui saute aux yeux. Le tape-à-l'œil peut frapper ; il ne tarde pas à lasser. Rien ne vieillit d'ailleurs plus vite que les procédés de ce type. L'image de synthèse le montre elle aussi.

Une double page entièrement construite à partir d'une figure

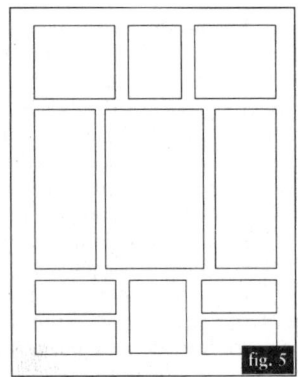

Edgar P. Jacobs,
Le Mystère de la Grande Pyramide, p. 12.

fig. 5

décorative. Burne Hogarth, *Jungle tales of Tarzan*.

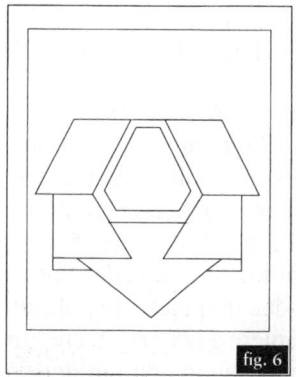

Philippe Druillet, *Gaïl*, p. 36.

Il ne faudrait donc pas se hâter de conclure à l'avancée de cette organisation de la planche par rapport à la mise en pages conventionnelle (erreur que les sémiologues classiques, en raison du « formalisme » évoqué dans l'introduction, n'ont pu manquer de commettre).

Ce n'est jamais en elle-même qu'une planche peut être qualifiée de moderne, c'est en fonction des rapports qu'elle entretient avec l'ensemble de la bande. Il ne s'agit pas de se demander si une mise en pages est extravagante ou banale, il est question d'examiner la manière dont une œuvre tire parti du dispositif qu'elle met en place.

Utilisation rhétorique

Hergé : au service de Nestor

Le troisième système est le plus répandu. Il domine dans la bande dessinée classique, et notamment dans les albums d'Hergé. Ici, la case et la planche ne sont plus des éléments autonomes ; elles sont soumises à un récit qu'elles ont pour principale fonction de servir. La taille des images, leur disposition, l'allure générale de la page, tout doit venir appuyer la narration.

Un bref exemple le fera bien comprendre. Je l'emprunte à la page 11 des *Bijoux de la Castafiore*.

À observer ces trois cases, on voit clairement le principe qui préside à leurs dimensions respectives. La première image (large de 25 mm et haute de 59) épouse, par sa nette verticalité, le corps de Nestor descendant l'escalier. Dès la deuxième image (44 mm x 59), le cadre s'élargit de manière à pouvoir accueillir en son entier un Nestor devenu oblique du fait de son déséquilibre. La troisième case est, quant à elle, parfaitement carrée (59 mm x 59), la distance qui, horizontalement, sépare le pied gauche du serviteur de sa main droite étant à peu près égale à celle qui, verticalement, sépare son pied droit de sa main gauche.

Un tel fonctionnement est typiquement rhétorique : la dimension de la case se plie à l'action qui est décrite, l'ensemble de la mise en pages étant au service d'un récit préalable dont elle a pour fonction d'accentuer les effets[1]. De tels principes ne s'accommodent guère des effets graphiques d'ensemble – à moins que ceux-ci ne paraissent susceptibles de souligner efficacement le contenu d'une séquence. C'est ainsi que Sokal, dans *Les Enquêtes de Canardo*, recourt volontiers à des successions de cases horizontales, « qui ralentissent le rythme et conviennent à merveille à des moments de grande intensité psychologique », ou de cases verticales, « idéales pour un dialogue nerveux, fait de reparties percutantes »[2].

À observer la manière dont Hergé distribue les grandes vignettes (souvent d'une demi-page) qui parsèment ses albums tardifs, on verra qu'elle obéit à une logique du même ordre. Les images de vaste dimension interviennent soit à un moment particulièrement fort qu'il importe de souligner (l'irruption des héros dans le Temple du Soleil à la page 47 de

---

1. À la suite de Jean Ricardou, je définis le geste rhétorique comme « l'emploi méthodique des opérations les mieux capables d'atteindre un objectif fixé au préalable » (« Le tout à lire » in *Micromégas n° XX, Nouveau Roman,* Bulzoni Editore, 1981). Voir également à ce sujet les dernières pages de mon livre *Les bijoux ravis (une lecture moderne de Tintin),* Éd. Magic-Strip, Bruxelles, 1984 (épuisé).

2. Sokal, « Pensées » in *Autour du scénario,* Revue de l'Université de Bruxelles, 1986, 1-2, p. 23-24.

L'élasticité de la case est au service direct du récit.
Hergé, *Les Bijoux de la Castafiore*.

l'album du même nom), soit dans une scène d'une grande complexité où de nombreux personnages sont rassemblés (le rallye automobile à la fin de *Coke en stock*). Dans l'un et l'autre cas, il y a *expressivité* de la case ou de la planche par rapport à l'action racontée.

Un élément tout aussi décisif que sa taille est l'emplacement de la vignette. Suivant qu'elle se trouve en haut ou en bas, sur une page de gauche ou sur une page de droite, son efficacité narrative peut s'avérer très différente. C'est ainsi que dans l'album noir et blanc *La Tour,* dessiné par François Schuiten, le coin de tableau révélant une portion minuscule de couleur, presque comme un lapsus, ne pouvait se situer ailleurs que dans le coin inférieur droit d'une page de droite, de façon à ménager une véritable révélation sur la double page suivante.

Ce souci d'organisation rhétorique conduit donc à une tendancielle coïncidence des séquences et des planches (et même des doubles planches) – effet qui me paraît aussi avantageux narrativement qu'esthétiquement, puisqu'il favorise autant l'unité d'action que celle d'atmosphère et de couleurs. Mais cette logique entre parfois en conflit avec des exigences d'un autre ordre, rythmiques par exemple.

Il est intéressant d'observer de ce point de vue la différence entre les versions noir et blanc des premières *Aventures de Tintin* et leur remontage en couleurs, dans le cadre strict d'un album de 62 pages. L'unité quasi organique des planches originales du *Lotus bleu* ou de *L'Oreille cassée* – finement analysée par Pierre Sterckx dans le catalogue *Hergé dessinateur* – se trouva irrémédiablement brisée par les nécessités du remontage, le moindre décalage ayant des conséquences incalculables sur l'ensemble.

Eisner et le cadre virtuel

Privilégiée par la plupart des narrateurs classiques, l'utilisation rhétorique peut prendre des formes surprenantes.

C'est ainsi qu'au début de son bel album *Soleil d'automne à Sunshine City,* Will Eisner se passe de toute délimitation entre les cases plusieurs pages durant. Le personnage principal de l'histoire est un vieil homme qui vient de se résoudre à vendre la cafétéria qu'il tenait depuis sa jeunesse. Mais il continue de tourner en rond dans le quartier, incapable de s'arracher à ces lieux chargés de souvenirs.

L'absence de limite précise entre les images, les lignes ondulées qui les relient et gagnent jusqu'aux textes, la suppression des phylactères : tout vient ici suggérer le flou de la mémoire et le jeu des associations. Mais la clarté du récit n'est jamais mise à mal : le personnage qui se souvient, plus grand et plus sombre que les silhouettes du passé, conduit sans peine notre regard d'une image à l'autre, à travers les années qui s'écoulent.

En dépit d'une apparence de grande liberté, tous les effets visuels sont ici au service de la narration, avec autant d'évidence et de force que dans les cases strictement géométriques des *Bijoux de la Castafiore*. Il ne faut donc ni surestimer un phénomène comme cette absence de contours, en le considérant comme un gage automatique de modernisme, ni le tenir pour problématique. Il s'agit d'un code spécifique, habilement utilisé par un auteur qui maîtrise à la perfection les multiples possibilités du langage de la bande dessinée.

Derrière une apparente désinvolture, une extraordinaire maîtrise des possibilités stylistiques offertes par la bande dessinée.

Will Eisner, *Soleil d'automne à Sunshine City*.

Utilisation productrice

Little Nemo ou le récit comme conséquence

Avec le quatrième et dernier principe, c'est l'organisation de la planche qui semble dicter le récit. Une disposition particulière engendre un morceau de narration. Ainsi chez Winsor McCay, le génial créateur de *Little Nemo,* il arrive qu'une mise en pages caractéristique suscite un fragment de récit qui n'est donc que sa conséquence.

La planche du 2 février 1908 en donne un admirable exemple : c'est pour épouser la construction de la planche que les personnages grandissent et rapetissent ; bien plus que par des miroirs déformants, leur propre morphologie est dominée par le format des cases dans lesquelles ils s'inscrivent. Alors que chez Hergé on avait vu les cases s'adapter aux dimensions des personnages, ce sont ici les héros que le dispositif de la page conduit à devenir élastiques [1].

En réalité, c'est dès la seconde planche de *Little Nemo,* parue le dimanche 22 octobre 1905, que McCay avait commencé à user d'une mise en pages particulière. Peut-être est-ce le lit qui s'enfonce tout au long du premier strip qui lui suggéra l'effet d'escalier. Toujours est-il que c'est ce principe qui

---

1. Entre la conception rhétorique et la conception productrice, il n'est pas toujours facile, sans coup de force idéologique, d'établir un partage rigoureux. Est-ce une mise en pages ascendante qui a suggéré l'idée des miroirs déformants ou une histoire de palais des glaces qui a conduit à cette disposition ? La récurrence des agencements permet seule de trancher, en n'oubliant pas qu'un même album peut, d'une page à l'autre, passer d'un fonctionnement producteur à un fonctionnement rhétorique. Cette dialectique plus fine, qui voit en un instant s'échanger les dispositifs, il conviendrait, un autre jour, de l'étudier plus en détail.

détermine la progression de la séquence : la hauteur des champignons se révèle à mesure que le petit garçon s'enfonce dans la forêt, puis les cases rétrécissent en même temps que chutent les morceaux. L'anecdote s'est pliée aux dimensions de la planche.

Mais le vrai génie de McCay, c'est la semaine suivante qu'il se manifeste. Tirant les conséquences de la mise en pages précédente, McCay découvre qu'il est loin d'avoir exploité toutes ses ressources et se met en quête d'une variante. Le dispositif en escalier, qui paraissait si miraculeusement adéquat à l'épisode des champignons, prouve son aptitude à générer un nouvel épisode pour peu qu'on le retourne : alors que les champignons, malencontreusement heurtés, s'effondraient sur Nemo, c'est maintenant le petit garçon, monté sur des échasses vertigineuses, qui dégringole au milieu des cactus.

Quelques semaines plus tard, McCay usera de manière comparable, deux fois de suite, d'une mise en pages organisée autour d'une grande case ronde. Fait remarquable : la seconde utilisation est plus forte que la première. McCay venait de comprendre ce qui sera l'une des ressources les plus constantes de son art : par-delà sa valeur esthétique ou son effet spectaculaire, une figure peut engendrer un morceau de narration.

Comme beaucoup de précurseurs, l'auteur de *Little Nemo* touche d'emblée au cœur de la spécificité du média qu'il pratique. L'invention se double chez lui d'un véritable inventaire : ne cessant de s'étonner des figures qu'il met au jour, il explore de manière quasi encyclopédique les possibilités de la bande dessinée.

Le vaste rectangle de la page dominicale du *New York Herald* (large d'environ quarante centimètres et haut de cinquante-six) devait obéir à une double contrainte, s'offrant à une découverte globale autant que graduelle. Assez spectaculaire pour accrocher l'œil de celui qui feuilletait le journal d'une main distraite, il devait s'avérer assez passionnant pour le retenir sitôt qu'il commençait à lire.

À l'inverse de presque tous les auteurs qui le suivront, McCay traite la planche comme un lieu de contiguïtés plus encore que de continuité. Au lieu d'être un vecteur orienté vers sa fin (celle-ci nous est connue), la page est une surface dont toutes les parties sont investies, un espace privilégié de relations que le regard peut parcourir en tous sens.

Dans les grandes années de *Little Nemo,* McCay explore un nombre considérable de logiques de planches : répétition à peine modifiée d'une même case (25 août 1907 et 5 janvier 1908) ; transformation graduelle d'une image suivant une sorte de dessin animé avant la lettre (4 octobre 1908 et 3 janvier 1909) ; construction d'une image globale (23 septembre 1906) ; continuité d'un mouvement à travers des décors successifs (15 septembre 1907) ; « montage parallèle » séparant les parties gauche et droite de la page (26 avril 1908), etc. L'imagination de McCay se nourrit avec un visible bonheur de ces dispositifs toujours renouvelés [1].

---

1. La série ne baissera du reste de régime, vers la fin de 1910, qu'au moment où les virtualités du dessin animé exciteront davantage son auteur. Ne nous y trompons pas d'ailleurs : même s'il commence par adapter *Little Nemo,* McCay est d'emblée au cœur du dessin animé. Véritable champion des spécificités, il pressent dès cette première tentative beaucoup des potentialités du genre, faisant de la transformation à vue des images le sujet même de sa petite fiction. Dans ses deux films suivants – *How a Mosquito Operates* et *Gertie the Dinosaur,* McCay poussera de plus en plus loin les effets d'irréalité pour convaincre le public que c'était bien de dessins animés qu'il s'agissait. Mais après quelques années, ayant ouvert de nombreuses pistes, McCay se fatiguera du dessin

Fred ou la lecture affolée

Dans le fonctionnement rhétorique, tout était fait pour résorber la contradiction entre le découpage et la mise en pages. Dans l'utilisation productrice au contraire, cette tension se trouve exacerbée, les deux aspects de la bande dessinée étant simultanément travaillés. On aboutit donc à un résultat perpétuellement mobile, qui a pour premier effet de déstabiliser la lecture.

Fred est assurément l'un des auteurs qui a poussé le plus loin la mise en œuvre de ces problèmes. Partie d'un jeu d'ordre langagier (le personnage voyage sur les lettres des mots OCÉAN ATLANTIQUE), la série des *Aventures de Philémon* en est venue peu à peu à tirer toutes les conséquences du projet, c'est-à-dire à prendre au pied de la lettre la bande dessinée et ses fonctionnements.

Si l'on observe par exemple la page 25 de l'album *Simbabbad de Batbad,* on voit d'emblée qu'elle présente un jeu sur le tableau et le récit. Au premier coup d'œil, la planche semble s'offrir comme un espace homogène et simultané (recomposant l'image d'un gigantesque chien). À y mieux regarder, il s'avère que la page obéit bel et bien à un modèle d'ordre séquentiel (reconstituant les déplacements de Philémon).

Plus attentive encore, la lecture ne tarde pas à débusquer de nouvelles étrangetés. La continuité narrative induite par le dialogue ne coïncide que très partiellement avec la suite de mouvements décrite

---

animé tout comme il s'était lassé de la bande dessinée. Son génie est bien celui d'un inventeur : les continuations l'ennuient.

(Pour plus de détails sur McCay, on consultera *Little Nemo au pays de Winsor McCay,* Éd. Milan/CNBDI, 1990, ainsi que John Canemaker, *Winsor McCay, his Life and Art,* Abbeville Press, New York, 1990.)

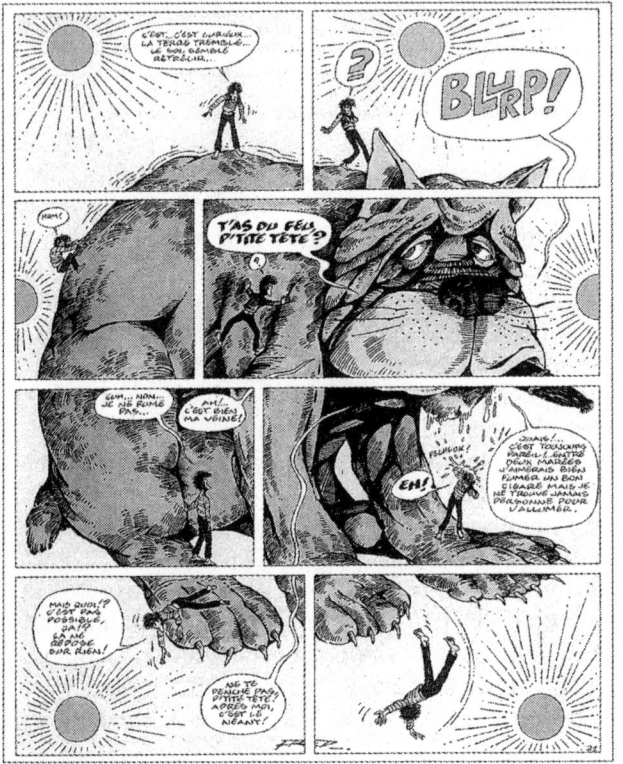

Fred, *Simbabbad de Batbad*.

par les images : si le passage de la case 1 à la case 2 n'est guère problématique de ce point de vue, le trajet de la case 2 à la case 3 semble pour le moins malaisé ; si le glissement de la case 5 à la case 7, ou de la case 6 à la case 8, paraît assez évident, la succession 5-6-7-8 est, pour sa part, quasi impossible (figure 7).

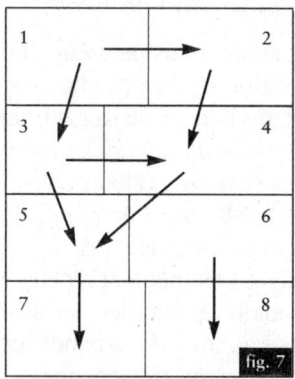

**Possibilités de trajet offertes
à Philémon.**

De cet espace paradoxal qu'est devenue la planche, le chien gigantesque s'est fait emblème parfait ; à la page suivante de l'album, après que le héros, contre toute logique réaliste, a fini par revenir sur lui, il n'hésite pas à déclarer : « Le néant, c'est moi, p'tite tête. Je suis rien et je suis tout, et tout me retombe toujours sur le dos. »

Et il n'est certes pas anodin que ce soit en haut d'une nouvelle planche que Philémon réapparaisse sur Simbabbad : le lecteur a dû lui aussi, après être arrivé en bas d'une page, se reporter au sommet de la suivante ; à l'image du héros de Fred, il finit toujours par retomber sur ses pieds [1].

---

1. Subsiste toujours, et particulièrement dans les albums de Fred, le problème du *reste*. Entre deux séquences fortes, deux effets visuels spectaculaires et novateurs, le conteur a tendance à remplir, c'est-à-dire à construire un relais narratif vraisemblable, une transition d'allure plus traditionnelle. On voit mal comment un récit d'une certaine ampleur parviendrait à éviter cet écueil.

Régis Franc et les lectures croisées

Moins spectaculaire mais peut-être encore plus étonnante est l'utilisation de la planche proposée par certaines des premières bandes de Régis Franc. Dans beaucoup de ses *Histoires immobiles et récits inachevés* et de ses *Nouvelles Histoires* (albums dont on ne saurait trop souhaiter la réédition), l'action se déroule sur plusieurs niveaux qui se prolongent de case en case, grâce à une mise en pages obstinément répétée. Les différents plans, qui sont autant d'amorces narratives, cheminent parallèlement tout au long de la bande, conduisant plus d'une fois à de savoureux télescopages.

Une histoire comme « Hong Kong, terre de contrastes » pousse à l'extrême ce type d'organisation. Malgré l'apparent classicisme de la disposition, la page de bande dessinée est ici dans tous ses états. Ces grandes cases verticales, où le récit se développe simultanément sur trois plans, laissent en effet le lecteur désemparé, hésitant entre deux types de parcours aussi peu satisfaisants l'un que l'autre.

Si l'on désigne respectivement par A, B et C chacun des niveaux de la case, par 1, 2 et 3 les différentes occurrences de chacun de ces plans, et si l'on représente par une flèche le trajet de la lecture, on peut poser le dilemme de la façon suivante :

Soit (figure 8), je lis la bande case après case et je perçois bien les relations entre les niveaux (relations d'où provient l'humour particulier de Régis Franc), mais je risque de perdre la continuité de chacun des segments du récit.

Soit (figure 9), je parcours linéairement chacun des plans et je brise les cases réelles de la bande au profit de cases imaginaires, mais alors la saveur de l'histoire m'échappe en même temps que je transgresse l'une des règles les plus fondamentales de la grammaire implicite de la bande dessinée : celle qui veut que les images soient lues les unes après les autres, dans l'ordre où elles se présentent sur la planche.

Premier parcours   **Second parcours**

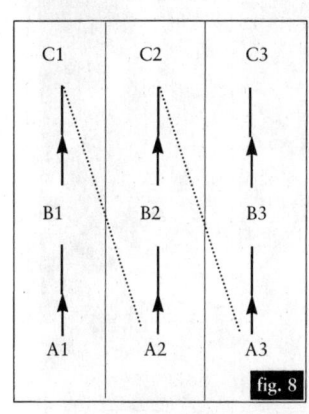 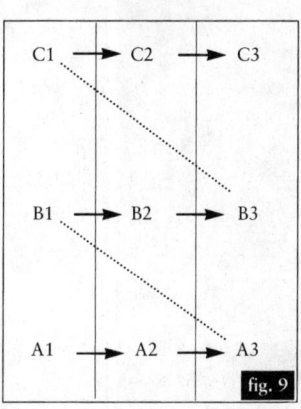

La véritable lecture, vers laquelle Régis Franc veut nous conduire, oscille sans cesse entre ces deux trajectoires. Pour compléter son parcours, elle est obligée, à chaque instant, de revenir sur ses pas. On comprend mieux pourquoi de telles histoires sont dites immobiles : à peine a-t-on avancé d'un pas dans la lecture qu'il est nécessaire, pour progresser, de déjà reculer. Lire et relire ne font plus qu'un.

Ce jeu de constant aller-retour, qui perturbe l'ordre gauche-droite, se double d'une remise en cause de l'habituel itinéraire menant de haut en bas. Par un amusant paradoxe, la séquence A qui, graphiquement, se trouve à l'avant-plan (et donc que l'on aurait tendance à considérer comme le récit-tuteur) est aussi celle qui intervient en bas de page (et donc que les habitudes de lecture occidentales devraient nous faire

Régis Franc, « Hong Kong, terre de contrastes »,
Histoires immobiles et récits inachevés.

découvrir en dernier lieu). Tout est sens dessus dessous, et, si l'on se résout finalement à lire de bas en haut, c'est pourtant de haut en bas que se produira, ironique, l'incident qui fournit au récit sa chute.

Davantage que Hong Kong, qui n'est que sa métaphore, la terre de contrastes désignée par le titre est cette page de bande dessinée simultanément utilisée dans toutes ses dimensions. Le jeu des couleurs vient d'ailleurs le confirmer : d'une case à l'autre – et sans qu'aucune motivation réaliste ne soit donnée – les rapports chromatiques se transforment du tout au tout : le ciel est bleu, puis rouge, puis jaune ; l'arbre rose, orange, et enfin bleu. La bande dessinée en a vu de toutes les couleurs.

La ligne du récit

On s'étonnera peut-être du faible nombre de récits mettant en œuvre un rapport producteur à la planche – et notamment de la relative rareté de telles planches dans les albums de bande dessinée ou de récit photographique coréalisés par l'auteur de ces lignes. La chose ne me paraît pas inexplicable.

La conception productrice est infiniment plus facile à utiliser sur une échelle courte (une planche semble la dimension idéale) que dans un vaste trajet (je ne connais pas un seul album de bande dessinée fonctionnant intégralement sur ce mode). Dès lors qu'il prend de l'ampleur – et ce quel qu'ait été son mode d'obtention initial – un récit tend à installer des codes stables pour asseoir plus solidement ses bases et donc à refouler les corps étrangers qui, à chaque instant, menacent de le faire dévier de son cours. De ce point de vue, l'utilisation rhétorique de la case et de la page est certainement celle qui assure à une fiction les meilleures chances de continuité.

Le système dont on peut souhaiter le développement devrait donc, pour être viable au-delà de quelques pages, tenir à la fois de la production et de la rhétorique. Une organisation particulière de la planche suggérerait un morceau de récit qui, ensuite, se trouverait amplifié avant d'ouvrir, à nouveau, sur un autre dispositif. S'inventerait ainsi, peu à peu, un mode de fiction spécifiquement adapté à la bande dessinée, une fiction qui, loin de n'être que la mise en images d'un récit préalable, tirerait parti de toutes ses dimensions…

De la page au livre

Les quatre catégories que je me suis efforcé de décrire à propos de la planche peuvent, me semble-t-il, être appliquées sans trop de peine à la dimension du livre tout entier.

L'immense majorité des albums de bande dessinée du monde francophone repose à cet égard sur un fonctionnement *conventionnel*. D'un format voisin d'une feuille de papier A4, cartonnés et en couleur, les albums ont pour la plupart une longueur de 48 pages (3 cahiers de 16 pages), ce standard s'étant imposé depuis *Astérix* contre celui du 64 pages (4 cahiers), popularisé par *les Aventures de Tintin*. Subi plutôt que choisi, très rarement interrogé, ce moule indéfiniment répété a pesé plus qu'on ne pourrait le croire sur la conception du récit en bande dessinée, favorisant le développement de feuilletons étirés plusieurs années durant dont les différents volumes ne sont qu'autant de chapitres.

Décoratifs seraient ces albums dont la présentation inhabituelle, parfois luxueuse et souvent tape-à-l'œil, cherche à se distinguer du tout-venant de la production. Bien des tirages de tête et des éditions de grand format se contentent d'un esthétisme facile, sans tirer parti de ces particularités du support pour développer de nouvelles expériences.

On peut qualifier de *rhétorique* le fonctionnement d'un livre lorsque ses dimensions s'adaptent avec précision à son projet. Tel était le cas des *Aventures de Tintin* quand elles paraissaient en noir et blanc : le nombre de pages variait en fonction des nécessités de chaque récit. Tel est encore le cas d'une collection comme les « Romans (à suivre) », et plus encore d'un livre comme *Maus* de Spiegelman, qui a choisi de rapprocher sa présentation de celle d'un ouvrage littéraire. De nombreuses publications récentes, notamment chez les éditeurs alternatifs, participent de la même volonté d'adapter l'objet éditorial aux projets de leurs auteurs.

Watchmen *ou le* comic book *et ses marges*

L'usage *producteur* de l'album, s'il demeure l'exception, a pu ouvrir sur quelques résultats tout à fait passionnants.

Watchmen de Moore et Gibbons, derrière une apparence plutôt conventionnelle puisque l'ouvrage respecte les codes essentiels du *comic book,* a porté une attention exceptionnelle à la conception globale du livre. La couverture – d'allure d'abord presque abstraite puisqu'elle affiche une masse uniformément jaune marquée d'une tache rouge et d'une forme ovale noire – est éclairée par la page de titre du chapitre I, puis la première page de l'histoire. En un lent mouvement de zoom arrière, on découvre que la masse jaune correspondait à un badge taché de sang, motif circulaire qui va rythmer le récit. Des symétries du même ordre se développent tout au long du volume, unissant les planches de bande dessinée proprement dites aux autres pages du livre. L'une des rimes les plus remarquables est celle qui unit la première et la dernière page de titre : tout aussi jaune, tout aussi tachée de sang, c'est une montre (*watch*) que l'on découvre en tête du chapitre XII... [1].

Il est très regrettable que les premiers éditeurs français de *Watchmen* aient voulu couler ce livre si minutieusement réfléchi dans les standards de l'édition européenne. Divisés en six albums nettement plus grands que les *comic books* d'origine, *Les Gardiens* ont perdu leur échelle graphique et leur cohérence narrative. Dotée de couvertures plus classiques que celle de l'édition anglo-saxonne, cette version française – par ailleurs subtilement traduite par Jean-Patrick Manchette – a fait voler en éclats bon nombre des jeux structurels du volume original.

La même remarque peut s'appliquer à la traduction de bon nombre de *manga,* à commencer par *Akira*. En modifiant le format des volumes et en les fragmentant à l'excès, les éditeurs français et américains ont profondément dénaturé le travail d'Otomo. Il semble heureusement que la tendance actuelle dans la traduction des *mangas* soit de respecter davantage les partis pris de l'édition d'origine (l'adaptation en français du superbe *Quartier lointain* de Jirô Taniguchi par le dessinateur Frédéric Boilet est à cet égard exemplaire). On ne le répétera jamais assez : une bande dessinée est un objet global dont tous les paramètres (dimensions du volume, pagination, subdivision en chapitres, choix du noir et blanc ou de la couleur, couverture...) devraient être pris en compte lors de la réalisation d'une version étrangère.

---

1. Une analyse plus approfondie de ces fonctionnements a été proposée par Jan Baetens dans sa communication « La tache. Fonctions et structures de l'informe dans *Watchmen* et *La Cage* » in *L'image BD,* Open Ogen, Leuven, 1991. Voir également les chapitres 11 et 12 du livre *Pour une lecture moderne de la bande dessinée* de Jan Baetens et Pascal Lefèvre, CBBD, Bruxelles, 1993.

Chris Ware ou le triomphe du livre-objet

L'une des forces de *Watchmen* est d'avoir accepté un cadre d'allure classique en le dynamitant de l'intérieur : aux règles courantes du *comic book,* Moore et Gibbons ont ajouté leurs propres exigences. Le projet que développe actuellement Chris Ware, avec ses *Acme Novelty Library,* est beaucoup plus radical : pour ce jeune auteur américain, il s'agit d'inventer peu à peu un ensemble d'objets inséparables de leur contenu.

Les neuf fascicules parus à ce jour utilisent cinq formats différents : les plus petits ont 15,5 x 18,5 cm ; le plus grand 27,5 x 46 cm. Loin d'être un simple gadget, ce changement de dimensions constitue un élément essentiel, permettant de définir une série de sous-ensembles au sein de l'*Acme Novelty Library.* Comme l'explique Chris Ware :

> Si je modifie le format de la revue d'un numéro à l'autre, ce n'est pas pour être original à tout prix, comme l'ont laissé entendre certains critiques. Je pense simplement que chaque numéro doit avoir une saveur particulière, et s'adapter à son contenu particulier. De plus le format standard des *comic books* américains me paraît foncièrement inepte ; je n'arrive pas à comprendre pourquoi tant de dessinateurs y restent fidèles. Le format d'un livre est un paramètre aussi important que la façon dont la nourriture est présentée ou dont une personne est vêtue[1].

L'un des traits les plus immédiatement remarquables des travaux de Chris Ware est l'attention portée aux plus infimes détails de ces minces

---

1. Chris Ware, « Propos choisis », in *9ᵉ Art* n° 2, CNBDI, Angoulême, janvier 1997, p. 57.

volumes. À proprement parler, il n'existe pas le moindre *à-côté* dans les fascicules publiés à ce jour et dans l'épais album *Jimmy Corrigan*. Les couvertures, les titres, les jeux, le pseudo-courrier des lecteurs, les simulacres de publicités ou de bricolages, tout participe de la même logique, tout est traité avec le même perfectionnisme que les pages de bandes dessinées elles-mêmes.

Profitant pour le lettrage et la maquette des acquis récents de l'ordinateur, Chris Ware parvient à maîtriser une série de paramètres jusqu'alors difficilement accessibles aux auteurs de bande dessinée. La séparation traditionnelle entre le travail du dessinateur et celui de l'éditeur n'est ici plus de mise : Ware domine de bout en bout ses albums, de leur conception à leur fabrication. Sur ce plan comme sur bien d'autres, il ouvre au neuvième art de passionnantes perspectives [1].

---

1. Pour une présentation d'ensemble de l'*Acme Novelty Library,* on se reportera au texte de Jean-Christophe Menu, « le prodigieux travail de Chris Ware » in *9ᵉ Art* n° 2.

Il n'est pas anodin que le premier article de fond sur Chris Ware soit dû à Menu, auteur de bande dessinée talentueux mais aussi principal animateur de « l'Association ». Cet éditeur – dont le rôle dans les évolutions récentes de la bande dessinée doit être souligné – se caractérise en effet par sa volonté constante de relier le travail des auteurs aux contraintes techniques de la fabrication, et même de la commercialisation des ouvrages. « Fréon », « La cinquième couche » et d'autres groupes de jeunes auteurs témoignent à cet égard des mêmes préoccupations.

CHAPITRE 3

SENS INTERDIT

Sens unique

Éloge de l'autographie

Selon Rodolphe Töpffer, l'extrême liberté de ton et de facture qui caractérisait ses récits en estampes était largement liée à la simplicité du procédé technique qu'il utilisait : l'*autographie*. Le dessinateur l'expliqua fort bien dans son *Essai de physiognomonie* :

> Dès qu'il est question de littérature en estampes, c'est-à-dire d'une série de croquis où la correction ne compte pour rien et où, au contraire, la clarté de l'idée, cursivement, élémentairement exprimée, compte pour tout, rien n'est comparable en célérité, en commodité, en économie, au procédé autographique qui n'exige ni le concours intermédiaire d'un graveur, ni que l'on dessine à l'envers pour que l'image imprimée se retrouve à droit, ni que l'on attende plus d'une heure avant que le dessin décalqué sur la pierre soit devenu gravure et prêt à donner mille, deux mille exemplaires [1].

---

1. Töpffer, *Essai de physiognomonie*, chapitre troisième, in *Töpffer, L'Invention de la bande dessinée,* textes réunis et présentés par Thierry Groensteen et Benoît Peeters, Hermann, coll. Savoir : sur l'art, 1994, p. 190.

Sur ce point comme sur bien d'autres, l'auteur genevois faisait preuve d'une grande prescience. Car à travers toute l'histoire de la bande dessinée, ce seront des procédés tout aussi directs que l'autographie qui seront utilisés par les dessinateurs.

Il semble pourtant qu'à l'époque cette technique ne permettait que le tirage d'un nombre réduit d'exemplaires, limitant par conséquent la circulation des histoires de Töpffer (ces petits volumes oblongs n'étaient tirés qu'à cinq cents exemplaires environ) et favorisant les contrefaçons.

Lorsqu'en 1845 il fut question de reprendre dans *L'Illustration* naissante le dernier récit de Töpffer, *Mr Cryptogame*, une véritable adaptation se révéla donc nécessaire. C'est le dessinateur Amédée de Noé, dit Cham (1819-1879) qui fut chargé de transposer et de préparer pour la gravure les planches originales. Craignant que son œuvre ne soit exagérément assagie, l'artiste assaillit son adaptateur de recommandations plus savoureuses les unes que les autres[1]. Mais il omit d'attirer son attention sur l'inversion dont ses images risquaient d'être victimes. Et Cham, qui n'était pourtant pas un débutant, ne songea pas à y prendre garde.

C'est ainsi qu'il ruina, sans même s'en rendre compte, certaines des trouvailles les plus efficaces de son modèle, telle la séquence de la poursuite sur le pont du bateau. Chez Töpffer, les trois personnages

---

1. Les circonstances de cette adaptation ont été évoquées en détail par David Kunzle dans son article « Histoire de *Monsieur Cryptogame* (1845) : une bande dessinée de Rodolphe Töpffer pour le grand public » in *Genava*, tome XXXII, 1984, pp. 138-169. La correspondance entre Töpffer et Cham – premier échange de lettres entre deux auteurs de bande dessinée – a été publiée dans *Töpffer, L'Invention de la bande dessinée*, p. 174-183.

Töpffer, *Monsieur Cryptogame*.

| Cepandant M. Cryptogame fait neuf fois le tour du pont sans trouver d'issue. | Accourue sur le pont, Elvire se met à la poursuite de M. Cryptogame. | Voyant cela, le docteur fuit et poursuit tout ensemble sans y comprendre rien. |

Le recours à la gravure inverse malencontreusement les dessins.

Cham, *Monsieur Cryptogame*.

épousent parfaitement le mouvement de la lecture, courant de gauche à droite avec un bel effet d'ensemble qui leur permet, en quelque sorte, d'enjamber les frontières entre les cases. Dans l'adaptation de Cham au contraire, la dynamique des acteurs se trouve contrariée et contredite par la trajectoire du regard. C'est comme s'il nous fallait, à chaque case, revenir sur nos pas[1].

1. Il est à noter cependant, si surprenant cela soit-il, que l'ordre des poursuivants correspond davantage dans la version de Cham à celui décrit par le texte : le Docteur poursuit Elvire, laquelle poursuit Cryptogame.

Travaillant sur une seule bande d'images, Töpffer avait compris d'emblée qu'une page de bande dessinée est, notamment, une machine à *convertir un espace en successivité* : à cause du sens de la lecture en Occident, la case de droite est considérée comme venant après celle de gauche.

L'un des problèmes fondamentaux que rencontrèrent les auteurs à mesure que leurs planches se complexifiaient fut de dompter la successivité et de conduire le regard à travers la planche sans recourir à ces béquilles que sont le fléchage ou la numérotation des cases.

Voyage aux Amériques

Sur ce point comme sur bien d'autres, les règles découvertes par Töpffer ne tardèrent pas à tomber dans l'oubli, pour être peu à peu réinventées par ses principaux successeurs.

L'auteur des *Aventures de Tintin* fut l'un de ceux qui poussa le plus loin la réflexion sur ces questions. Dans ses *Entretiens avec Numa Sadoul,* il formula, de manière remarquablement nette, les principes qui lui paraissaient fondamentaux :

> La grande difficulté, semble-t-il, dans la bande dessinée, c'est de montrer exclusivement ce qui est nécessaire et suffisant pour l'intelligence du récit ; rien de plus, rien de moins. Le lecteur doit pouvoir suivre aisément la narration. Il y a, notamment, une règle absolue : dans nos pays, on lit de gauche à droite. Eh bien, même chez certains auteurs chevronnés, on trouve encore trop souvent des images où on lit d'abord : « Pas mal et toi ? », et ensuite seulement : « Comment vas-tu ? », parce que ces auteurs ont oublié la règle du sens de lecture. Quand je montre un personnage qui court, il va généralement de gauche à droite, en vertu de cette règle simple ; et puis cela correspond à une habitude de l'œil, qui suit le mouvement et qui

l'accentue : de gauche à droite, la vitesse paraît plus grande que de droite à gauche. J'utilise l'autre sens quand un personnage revient sur ses pas. Si je le faisais courir de droite à gauche, il aurait l'air, à chaque dessin, de revenir en arrière, de se poursuivre soi-même... [1].

Si Hergé analyse avec tant de lucidité ces erreurs, c'est parce qu'il les avait lui-même commises. Lorsqu'il dessinait ses premiers albums, il était en effet bien loin de maîtriser parfaitement les codes de la bande dessinée. Et c'est l'un des principaux intérêts des éditions en noir et blanc récemment republiées que de nous montrer ce grammairien en train de forger, parfois en tâtonnant, les règles de ce nouvel art.

Dans la version originale de *Tintin en Amérique* (1932), quelques maladresses concernent précisément le sens de lecture. La plus frappante est sans doute celle qui se situe dans la galerie souterraine : Tintin semble grimper alors même qu'il affirme qu'il est en train de descendre ; un instant plus tard il annonce que « cela remonte » alors que nous croyons le voir s'enfoncer dans les profondeurs.

Lorsqu'en 1945 Hergé redessinera l'album pour le couler dans le cadre strict des 62 pages et le mettre en couleur, il fera bénéficier ce récit de jeunesse de ses réflexions ultérieures, inversant notamment cette séquence : désormais, les déplacements des héros épousent exactement la trajectoire du regard. Mais les premières images, où l'on voit Tintin pénétrer dans la galerie, continuent de produire une impression un peu curieuse.

Les choses commencent à devenir amusantes lorsqu'on observe ce qui se passe dans la traduction de

---

1. Numa Sadoul, *Entretiens avec Hergé*, édition définitive, Casterman, « Bibliothèque de Moulinsart », 1989, p. 88.

Hergé, *Tintin en Amérique*, version 1932.

l'album en arabe, où les planches ont été purement et simplement retournées, de manière à correspondre à un mode de lecture différent du nôtre. L'ensemble des images se trouve alors inversé, ce qui a pour effet, entre autres, de transformer en gauchers les plus obstinés des

Hergé, *Tintin en Amérique*, traduction arabe.

droitiers… et de faire apparaître quelques défauts de dessin. Mais la fluidité de la lecture n'est en rien mise en cause par ce complet retournement : au prix d'une petite gymnastique mentale, on se rend compte que la dynamique du récit est demeurée intacte.

L'Empire des sens

On le sait : le sens de lecture est, au Japon également, tout à fait opposé au nôtre. Un imprimé se lit de droite à gauche, et s'ouvre à partir de ce qui est pour nous la dernière page. Le cheminement du regard et la dynamique des actions procèdent donc d'une logique inverse de celle à laquelle nous sommes habitués. Une différence supplémentaire est liée aux textes, puisque les *kanji* s'inscrivent dans des phylactères verticaux qui se lisent de haut en bas[1].

Dans un premier temps, lorsqu'ils désiraient exporter leurs productions vers l'Europe et les États-Unis, les auteurs japonais de *manga* en assuraient eux-mêmes l'adaptation, inversant les pages, redessinant les bulles et repensant les nombreuses onomatopées en fonction du nouveau contexte. Katsuhirô Otomo, le célèbre auteur d'*Akira,* dispose par exemple d'un studio spécialement formé à cette tâche. C'est de cette façon que procèdent bon nombre d'éditeurs français lorsqu'ils publient des auteurs japonais, notamment Glénat avec les œuvres de Tezuka ou Casterman avec celles de Taniguchi, Tanaka et quelques autres.

D'autres éditeurs, dont J'ai lu et Tonkam, ont choisi à l'inverse, depuis 1995, de publier les volumes dans le sens de lecture japonais, profitant du goût des jeunes amateurs de *manga* pour les versions originales. Plus de vingt mille exemplaires de chaque livraison de *Dragon Ball* en japonais seraient vendus sur le territoire français. Pour ce nouveau public, une

---

1. Pour plus de détails sur ces questions, je ne puis que renvoyer au volume de Thierry Groensteen consacré à *L'Univers des Mangas,* Casterman, 1996.

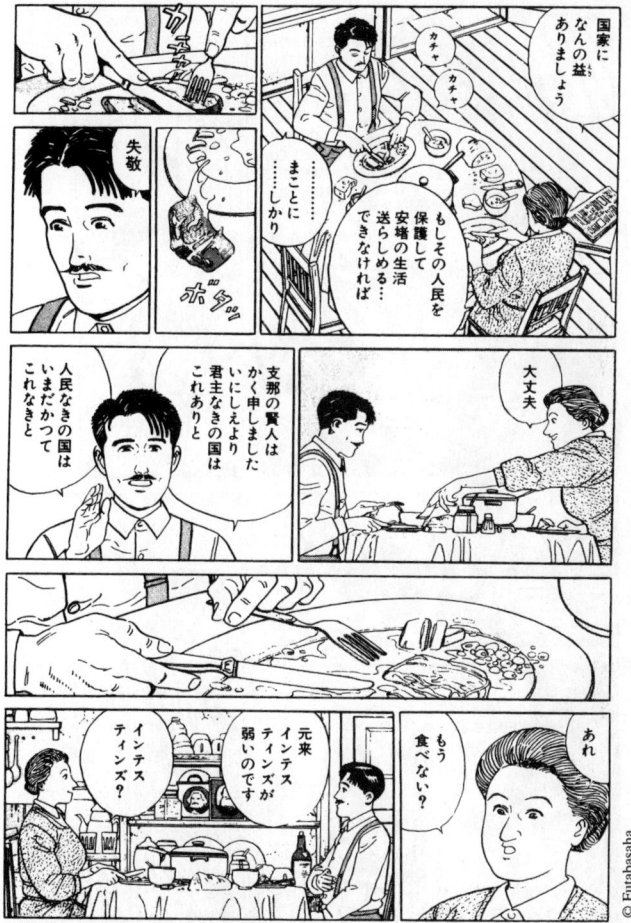

La lecture des cases se fait de droite à gauche, celle des textes de haut en bas. Mais dans des *manga* comme celles de Taniguchi, les principes d'organisation de la page demeurent très proches de ceux d'une bande dessinée européenne.

Dessin : Taniguchi ; scénario : Sekikawa, *Botchan no jidai (Au temps de Botchan)*.

Le sens de lecture inversé et la présence des onomatopées japonaises font de volumes comme celui-ci des objets étranges, bouleversant toutes les traditions de lecture occidentales.

Tsukasa Hojo, *City Hunter 1 : la poussière d'ange de la peur*.

édition « à la japonaise » paraît a priori plus attrayante qu'une adaptation classique.

Au-delà du phénomène de la *mangamania,* il est surprenant que ces publications n'aient pas davantage attiré l'attention, car il s'agit d'une rupture sans précédent avec les habitudes de lecture occidentales. De manière symptomatique, les éditeurs multiplient du reste les avertissements. On peut lire par exemple, sur la page de titre de *City Hunter* :

> Attention ! Ce livre est publié dans le sens de lecture original, images et bulles se lisent de droite à gauche et cette histoire commence donc de l'autre côté. Vous êtes ici à la dernière page.

Même si les éditeurs de tels volumes prétendent refuser la « dénaturation » de l'œuvre originale, il est clair qu'ils souhaitent avant tout éviter un travail d'adaptation aussi lent que coûteux. Il s'agit moins d'une remise en question concertée de nos habitudes culturelles que d'une solution hybride, dont les conséquences à long terme demeurent relativement imprévisibles[1].

---

1. Il est permis de concevoir un dialogue plus élaboré entre le monde de la *manga* et celui de la bande dessinée. On le sait, des auteurs comme Baru et Baudoin ont publié de longs récits dans la revue japonaise *Morning* avant qu'ils ne soient édités en France. Frédéric Boilet, dessinateur français établi au Japon, procède lui-même à l'adaptation de ses albums *Tokyo est mon jardin* (Casterman, 1997), *Demi-tour* (Dupuis, 1997) et *L'Épinard de Yukiko* (ego comme X, 2001), repensant les phylactères, les onomatopées, et parfois le rythme même de la lecture. Bien que très différentes, les éditions française et japonaise de ces ouvrages sont toutes deux des *versions originales.*

En tous sens

Fred : le lecteur a tout détraqué

Ce qui préoccupe Töpffer et Hergé, comme la plupart des auteurs japonais et leurs adaptateurs, c'est, somme toute, la maîtrise *rhétorique* du sens de lecture. Mais, on l'a vu dans le chapitre précédent, on peut aussi concevoir un usage *producteur,* jouant de ce problème au lieu de simplement s'efforcer de le dominer et ne craignant pas de bouleverser volontairement les conventions les mieux établies.

Fred, une fois encore, est l'un de ceux qui ont poussé le plus loin les recherches de cet ordre. C'est ainsi qu'à la première page de *L'Île des Brigadiers* Félicien propose au vieux Barthélémy un nouveau mode de passage vers le monde des lettres. « Cette fois, tout ira bien. Tu vas passer par la corde », annonce-t-il mystérieusement, avant de s'engager dans une trappe.

Mais la planche suivante est le théâtre d'un singulier dispositif, qui débouchera sur un nouvel échec des personnages. Plus encore que dans *Simbabbad de Batbad,* Fred y met explicitement en scène la trajectoire du regard. Suivant ses habitudes, le lecteur laisse d'abord ses yeux filer vers la droite, jusqu'à ce qu'il imagine être la seconde vignette. Mais aussitôt, il se fait vertement remettre à sa place par Félicien :

> Non, pas par là !... Bon sang !... Le lecteur a tout détraqué. Cette page doit se lire de haut en bas, puis de bas en haut !... Ah, là, là !... Il faut tout recommencer !

La page de bande dessinée comme *boucle étrange* : un véritable piège à lecteurs...

Fred, *L'Île des Brigadiers*.

Épousant maintenant le parcours des personnages, le lecteur entame alors un nouveau parcours, conforme aux instructions qui lui ont été données. Mais c'est pour arriver à une nouvelle impasse, puisqu'il se retrouve dans la seconde case, revenu sur les lieux de sa bévue initiale.

Évidée en son centre, cette *page mémorable* décrit un mouvement circulaire, une boucle ou un nœud dont il paraît bien difficile de s'échapper [1].

Décidément passionné par les questions de cet ordre, Fred en a exploré d'autres variantes au fil de ses albums. Aux pages 41 et 42 de *Philémon à l'heure du second T,* il joue ainsi d'un effet un peu différent. Les personnages sont au sommet d'une montagne, lorsqu'ils aperçoivent un escalier inversé. « Pour rejoindre le manu-manu, un seul moyen : emprunter cet escalier », dit Philémon. « T'es pas un peu fou, non ? Cet escalier est à l'envers », lui répond Barthélémy. Mais Philémon ne se laisse pas démonter pour si peu. Se retournant, il s'engage résolument dans l'escalier, conduisant le lecteur à retourner l'album qu'il tient entre les mains pour poursuivre sa lecture…

Verbeek ou le monde à l'envers

Le dictionnaire Robert nous l'apprend, un *palindrome* (de *palin* « de nouveau » et *dromos* « course ») est un « groupe de mots qui peut être lu indifféremment de gauche à droite ou de droite à gauche en conservant le même sens (ex. : élu par cette crapule) ». Mais il ne nous dit pas qu'au début de ce siècle un des-

---

[1]. Faut-il le souligner : cette déconstruction du sens de lecture (qui se double d'une dénudation du code) n'a rien à voir avec ces utilisations maladroites de la bande dessinée que sont par exemple le fléchage ou la numérotation des cases. Une fois encore, il se confirme que les jeux avec le média sont multipliés par la connaissance technique que l'on en a ; car la maîtrise donne la liberté, tandis que la maladresse ne peut envisager la norme que comme un horizon d'autant plus désirable qu'inaccessible.

sinateur belgo-nippo-américain est parvenu à réaliser 64 palindromes graphiques.

Dans l'introduction très documentée à l'album *Dessus-Dessous* publié chez Horay, Pierre Couperie a présenté cet étonnant personnage qu'est Gustave Verbeek.

Il était né à Nagasaki en 1867. Son père, d'origine belge, dirigeait à Tokyo une école à l'occidentale. Après avoir passé toute son enfance au Japon, Verbeek partit à Paris faire des études aux Beaux-Arts et y entama une carrière de dessinateur humoristique. Il émigra aux États-Unis vers 1900 et entra bientôt au *New York Herald* où il devint le collègue de Richard Outcault et de Winsor McCay.

C'est pour le supplément dominical de ce grand quotidien qu'il créa, le 11 octobre 1903, *The Upside-Downs of Little Lady Lovekins and Old Man Muffaroo,* l'une des œuvres les plus insolites de toute l'histoire de la bande dessinée. Chacune de ces 64 séries de 6 images peut en effet être lue dans les deux sens, de haut en bas d'abord, puis, retournée de bas en haut, offrant ainsi en une demi-planche la matière d'une page entière [1].

Il n'est pas absurde d'imaginer que les tribulations du jeune Verbeek, le faisant passer du Japon à l'Occident, le prédisposaient à jouer librement avec le sens de la lecture.

On le conçoit : le tour de force représenté par les *Upside-Downs* ne va pas sans quelques entorses au

---

1. C'est en effet sous forme de demi-pages que paraissaient les *Upside-Downs* dans les pages du *New York Herald*. Ce sont les rééditions récentes de Verbeek qui, profitant du format constant des vignettes, ont procédé à un remontage en même temps qu'à une mise en couleur.

réalisme, et la définition physique des personnages est pour le moins singulière :

> Un des trucs qui permettent ce tour d'adresse réside dans les vêtements des personnages : les grands rubans du bonnet de Lovekins deviennent les jambes de Muffaroo, dont le gros menton mal rasé est, à son tour, bonnet de tricot ou de fourrure. Le radeau se change en toiture, l'arbre en colonne de fumée, les grandes herbes en pluie, etc.[1].

Jouant sur la matière même du dessin, Verbeek est donc tenu de prendre de nombreuses libertés avec la vraisemblance, sans même parler de la perspective et de l'anatomie[2]. De la même manière, Georges Perec, dans son palindrome littéraire, long de plus de cinq mille mots, s'était vu contraint de traiter avec une certaine désinvolture la narrativité et la syntaxe, allant parfois jusqu'à maintenir le sens dans un état d'extrême approximation[3].

L'une des premières découvertes de Verbeek est qu'un élément attire d'autant plus l'attention qu'il en a déjà été question dans les cases précédentes. C'est

---

1. Pierre Couperie, introduction à *Dessus-Dessous,* Pierre Horay, 1978.

2. Dans son album 30 x 40 (Futuropolis, 1980), Joost Swarte est parvenu à réaliser un *Upside-Down* tout en respectant une anatomie d'allure plus traditionnelle. Mais c'est parce qu'il y recourt largement au jeu des reflets. Une nouvelle fois, la focalisation de notre regard est manifeste : nous ne prêtons attention qu'à l'expression du personnage « principal », supposant que son image réfléchie lui ressemblera docilement. On s'en doute : si séduisant soit-il, un tel principe ne se prêtait guère à être utilisé plusieurs fois.

3. Cet exercice de virtuosité a été notamment publié dans le volume *Oulipo : la littérature potentielle,* Idées-Gallimard, 1973, pp. 101-106.

En six cases, Verbeek parvient à offrir la matière d'un récit en douze images...

Gustave Verbeek, *Dessus-Dessous*.

l'ordre d'apparition des éléments qui préforme la trajectoire du regard, confirmant le caractère fondamentalement continu des mouvements de l'œil : il suit ce qu'il connaît pour l'avoir déjà vu. Mais les légendes jouent aussi un rôle essentiel pour orienter la lecture et la diriger vers les éléments pertinents, en négligeant les inévitables parasites [1].

Par-delà la virtuosité, le plus étonnant dans la démarche de Verbeek est le mode de relation qu'elle établit avec le lecteur. Car le simple spectateur qu'il est d'ordinaire se transforme ici en un observateur vigilant, s'efforçant de comprendre de quelle manière le dessinateur parvient, à chaque fois, à se jouer de lui, en lui faisant prendre, au sens propre, des vessies pour des lanternes.

Nogegon *ou les rigueurs du palindrome*

La notion de palindrome que met en œuvre *Nogegon* – le troisième volet des « Terres creuses » de Luc et François Schuiten – est radicalement différente de celle de Gustave Verbeek.

La contrainte, ici, n'affecte en rien la texture même du dessin. On pourrait même dire qu'il s'agit de l'un des seuls éléments du livre que ce concept ne gouverne pas. Car, pour le reste, cet album singulier

---

[1]. Sur des principes assez comparables, Raoul Ruiz a réalisé le premier palindrome de l'histoire du cinéma : une séquence de deux minutes pour l'inventive émission *Télétests* naguère proposée par Jean Frappat. Le récit, *Un couple (tout à l'envers),* reprend deux fois la même série de plans, en faisant défiler la bande à l'endroit, puis en la projetant à l'envers, avec une autre bande sonore. La première fois, il s'agit d'une scène d'intérieur d'allure banale ; la seconde fois, on assiste au récit d'un crime. Comme chez Verbeek, c'est l'ordre de vision qui permet à certains éléments de demeurer inaperçus. (Présentée par Charles Tesson, une transcription de ce palindrome sous forme de photogrammes a été publiée dans le n° 345 des *Cahiers du cinéma,* spécial Raoul Ruiz, mars 1983, pp. 36-38.)

paraît entièrement dominé, dans ses moindres détails, par le principe de réversibilité. C'est le livre en son entier qui se trouve travaillé, jusque dans sa (ses) couverture(s), sa (ses) page(s) de titre et ses indications périphériques, lieux bien rarement réfléchis par les auteurs de bande dessinée [1].

Le scénario – que l'on n'entreprendra pas de résumer ici – développe un monde entièrement dominé par la notion d'équilibre : toute action, toute situation doivent y trouver leur répondant. « Sachez, dit l'un des personnages, qu'ici la symétrie est toujours respectée... quoi qu'il en coûte. » On le devine : c'est au milieu exact du volume que le principe se trouve explicitement posé.

Loin de maintenir le projet à une hauteur conceptuelle, l'album le met en œuvre concrètement, au sein des 72 pages qui le composent. Au premier abord, la linéarité semble pourtant respectée : chaque planche se lit classiquement de gauche à droite et de haut en bas. Mais chacune des mises en pages se révèle bientôt comme l'exact renversement de celle qui lui correspond dans l'autre partie de l'album. Mieux : chaque case apparaît à son tour, dans son contenu et souvent son cadrage, comme la réplique d'une autre case.

Appliquée de façon mécanique, cette contrainte obstinément répétée aurait pu déboucher sur la lassitude, conduisant chaque image à n'être rien d'autre que la répétition d'un autre dessin. Mais l'album témoigne au contraire d'une grande inventivité dans

---

1. Jan Baetens a consacré de nombreux articles à ces marges d'un volume que sont par exemple les pages de garde. On lira notamment « Châsses gardées » dans *Conséquences n° 13-14*, Les Impressions Nouvelles, 1990.

François et Luc Schuiten, *Nogegon*, page 26.

la manière dont il use de la règle qu'il s'est fixée. L'avant-plan devient fréquemment arrière-plan, la plongée, contre-plongée, une vue de dos se transforme en vue de face, cependant que les couleurs jouent elles aussi d'étonnants rapports de complémentarité.

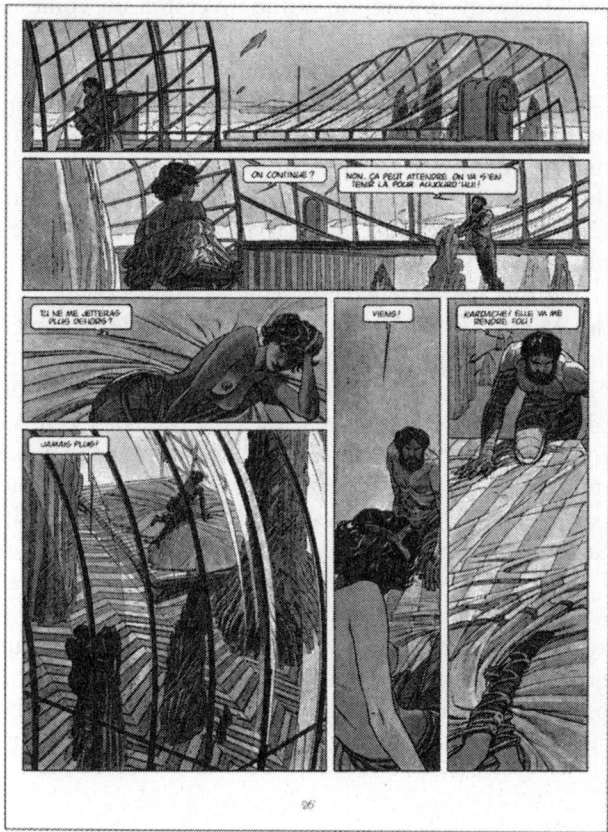

François et Luc Schuiten, *Nogegon*, page 26'.

Dans les pages 26 et 26', on voit ainsi les mêmes éléments se prêter à deux usages nettement antagonistes, la violence de la première scène cédant le pas à l'érotisme, suite à de minimes changements d'attitudes. Le dialogue lui-même prolonge habilement ces effets, qu'il s'agisse d'une inversion du contenu ou d'une permutation des locuteurs.

L'une des grandes vertus de *Nogegon* tient à son caractère *translinéaire*. Loin d'être un voyage à sens unique, la lecture devient un parcours infiniment mobile. Pour peu qu'il se trouve saisi par le vertige des comparaisons, le lecteur se livre en effet à un feuilletage effréné, se plaisant à découvrir, à tous les niveaux du volume, de nouveaux renversements.

Par une coïncidence étonnante, l'album *Watchmen* de Moore et Gibbons, conçu durant les mêmes années, multiplie lui aussi les jeux de symétrie, notamment entre la première et la dernière page de plusieurs de ses chapitres. Le chapitre V, « Fearful Symmetry », repose sur une inversion presque aussi méthodique que celle de *Nogegon,* induite sans doute par le personnage qui en est le centre, Rorschach. Son visage, recouvert d'un masque, affecte en effet l'allure d'une de ces taches redoublées, utilisées par les psychologues en un test célèbre. Mais si test il y a ici, c'est les capacités d'observation du lecteur qu'il concerne bien plus que les tourments de sa psyché. Et comme dans *Nogegon,* la double page centrale affiche le basculement de manière explicite.

CHAPITRE 4

LISIBLE, VISIBLE

La fin des légendes

Ce petit livre est d'une nature mixte...

Les précurseurs parviennent souvent à dire avec une grande netteté des évidences que les développements ultérieurs n'auront de cesse de masquer. Dans un article de 1837 à propos de son livre *Mr Jabot,* le Genevois Rodolphe Töpffer pose le problème des relations entre texte et image d'une manière remarquablement aiguë :

> Ce petit livre est d'une nature mixte. Il se compose d'une série de dessins autographiés au trait. Chacun de ces dessins est accompagné d'une ou deux lignes de texte. Les dessins, sans ce texte, n'auraient qu'une signification obscure ; le texte, sans les dessins, ne signifierait rien. Le tout forme une sorte de roman, d'autant plus original qu'il ne ressemble pas mieux à un roman qu'à autre chose [1].

Ce texte mériterait d'être lu mot à mot : la nature « mixte » de l'ouvrage, le caractère inséparable du texte et de l'image, le choix même du terme « obscur »,

---

1. « Notice sur l'histoire de *Mr Jabot* » in *Töpffer, L'Invention de la bande dessinée,* Hermann, coll. Savoir : sur l'art, 1994.

L'avocat convient que les apparences sont contre son client. Il le suppose même coupable, mais il se demande s'il n'est pas des hommes que la fatalité de leur organisation pousse au crime par une pente inévitable. Il se demande si, de nos jours, lorsque la Science perfectionne ses investigations jusque dans les replis les plus cachés du cerveau, y a découvert et analysé avec toute la Sagacité de son scalpel la cause fatale et première des passions et des forfaits, il est bien permis à la société de punir des crimes obligatoires, comme s'ils étaient des forfaits volontaires ! Pour lui, il a visité, dans la prison, son infortuné client, et dès le premier aspect, il fut frappé des signes de férocité native que présentait ce crâne aplati à sa sommité et développé sur ses flancs, comme celui de la hyène ou du Jaguar (Ah, oui, du Guetá) demande à son voisin ce que c'est que le Jaguar ; son voisin lui répond que c'est une sorte de Caïman.)

Immolerez vous, continue l'avocat, dans un chaleureux mouvement, immolerez-vous celui qui, en dehors de toute moralité, a lui par apprit, par instinct par obéissance aux lois d'une nature mahua-marcha envers lui ! Non, vous ne l'immolerez pas ! Mais il y a plus, la Science, Messieurs, la Science prouve aussi que la vie de l'homme est inviolable, que nul n'a le droit de l'ôter à son Semblable; lisez vous, méconnaissant cette doctrine de haute civilisation, vous serez complices en quelque sorte, du crime de l'accusé... à une vie, ajouter la perte, l'irréparable perte d'une autre vie ; à un crâne, ajouter un cadavre, à une tombe, une tombe !! Non, Dada, vous ne le ferez pas... j'en ai pour gage ces lumières particulières qui surpassent vos pareils, ces lumières enfin, dont concentrées tout particulièrement dans cette classe moyenne à laquelle vous faites l'honneur d'appartenir ! J'ai dit.

L'avocat se rassied et reçoit les félicitations de ses collègues.

Bien qu'uniquement formée de texte, la case de gauche est aussi une image à part entière : elle donne à voir l'éloquence autosatisfaite de l'avocat avant même qu'on ne la lise.

Töpffer, *Mr Crépin*.

tout vient dire la profonde intelligence qu'a Töpffer du média qu'il est en train d'inventer. « Sa forme mixte est cause qu'il échappe à l'analyse », ajoute Töpffer, comme s'il devinait les malentendus qui allaient suivre et l'accusation de sous-littérature qui allait peser sur la bande dessinée.

S'il n'utilise pas le phylactère – connu depuis des siècles et auquel son propre père avait eu recours dans certaines de ses *Caricatures* –, Töpffer pressent par contre d'emblée que les récits en estampes se fondent sur la complémentarité du lisible et du visible : ce que le texte vient offrir est précisément ce que l'image ne pourrait donner, et vice versa. La chose est d'autant plus remarquable que l'écrivain qu'était par ailleurs Töpffer aurait pu s'appuyer prioritairement sur le langage.

Dans tous ses écrits sur le genre qu'il invente, et notamment dans ce fascinant ouvrage qu'est l'*Essai de physiognomonie,* Töpffer ne cesse de revenir sur cette indéfectible solidarité :

> L'on peut écrire des histoires avec des chapitres, des lignes, des mots : c'est de la littérature proprement dite. L'on peut écrire des histoires avec des successions de scènes représentées graphiquement : c'est de la littérature en estampes. L'on peut aussi ne faire ni l'un ni l'autre et c'est quelquefois le mieux [1].

> Si l'auteur est un artiste, il dessine faiblement, mais il a quelque habitude d'écrire ; si c'est un littérateur, il écrit médiocrement, mais en revanche il a, en fait de dessin, un joli talent d'amateur [2].

---

1. *Essai de physiognomonie* (1845), chapitre premier, in *Töpffer, L'Invention de la bande dessinée.*
2. « Notice sur l'histoire de *Mr Jabot* » in *Töpffer, L'Invention de la bande dessinée.*

Dans ses entretiens avec Dominique Petitfaux, Hugo Pratt

L'autre grande innovation de Töpffer réside dans son lettrage. Dessinés manuellement, les textes s'harmonisent à la perfection avec un dessin que l'on pourrait dire « écrit ». Cette homogénéité de facture, cette égalité de traitement permise par la technique de l'autographie, est l'un des aspects les plus fondamentaux du genre qu'il vient de créer.

La chose va beaucoup plus loin qu'il n'y pourrait paraître. Car, pour le pédagogue qu'est Töpffer, ce dont il s'agit, dans le graphisme comme dans l'écriture, c'est d'atteindre un même degré de stylisation. Les termes que l'auteur de *Mr Pencil* utilise à cet égard sont presque identiques à ceux que Hergé emploiera près d'un siècle plus tard pour qualifier la « ligne claire ». Si le dessin au trait est en effet privilégié, c'est à cause de la simplification qu'il introduit, et donc d'un gain de lisibilité.

Transformant en force d'innovation son ignorance du destin classique, Töpffer tente de conduire l'écriture et le dessin à un même niveau d'épure. Ses naïvetés et ses maladresses ne sont qu'apparentes : presque tout, jusqu'à l'encadrement « libre et tremblotant » des vignettes, est destiné à être « dans le goût du reste »[1]. Ce que Töpffer cherche, de manière tout à fait consciente, c'est à mettre au point un graphisme *sémiotique* et non plus *mimétique,* de façon à rendre aussi homo-

---

emploie plusieurs formules éminemment « töpfferiennes » pour qualifier son propre travail : « À la base, je suis peut-être un dialoguiste, et donc plutôt un écrivain, qui remplace les descriptions – de l'expression des visages, des poses, de l'environnement – par des dessins. Et mon dessin cherche à être une écriture. Je dessine mon écriture et j'écris mes dessins. » (*De l'autre côté de Corto,* Casterman, p. 166-167.)

1. *Essai de physiognomonie,* chapitre quatrième, in *Töpffer, L'Invention de la bande dessinée.*

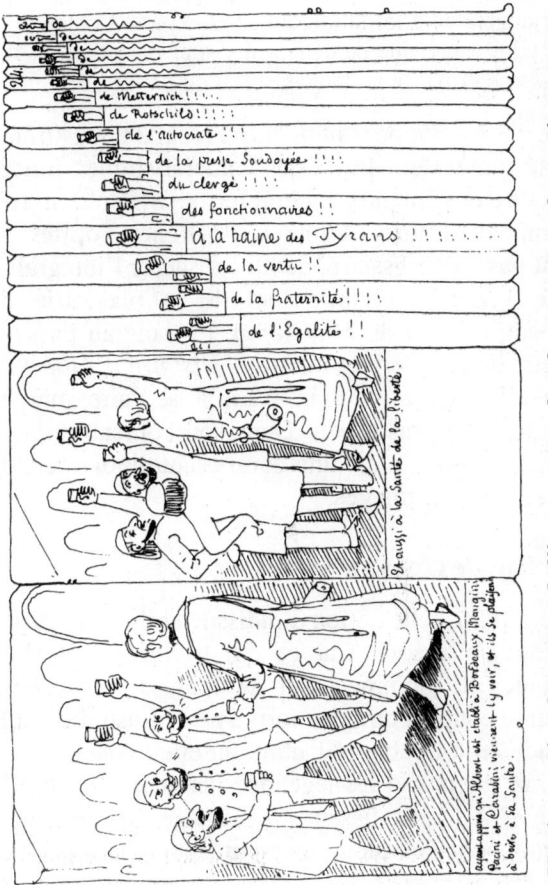

Une interaction du texte et de l'image que seul un lettrage manuel pouvait permettre. Töpffer, *Histoire d'Albert*.

gènes que possible les deux constituants de ses ouvrages.

> Cette facilité qu'offre le trait graphique de supprimer certains traits d'imitation qui ne vont pas à l'objet, pour ne faire usage que de ceux qui y sont essentiels, le fait ressembler par là au langage écrit ou parlé [1].

De cette unité de traitement, il résulte une extrême liberté qui restera l'une des caractéristiques fondamentales des auteurs « complets ». S'il réduit fréquemment le texte à une seule ligne, Töpffer ne craint pas, si nécessaire, de lui consacrer l'intégralité d'une vignette, comme lors de la plaidoirie de l'avocat, à la fin de *Mr Crépin*. Et dans un passage fameux de son dernier album, l'*Histoire d'Albert,* le texte s'intègre au dessin jusqu'à se faire marche d'escalier ou bras tendu. Dans son contenu comme dans sa facture, il est une composante indissociable de l'histoire en images.

Les rébus de Grandville

Vers 1830, cette notion d'indissociabilité était d'une extrême nouveauté. Car ce qui triomphait et allait continuer de dominer tout au long du XIXe siècle, c'était le couple complice formé par l'illustration et la légende et la double réduction qu'elles avaient peu à peu mis en place. La légende cherchait à « clore la figure » [2] en assortissant une image naturellement ouverte, polysémique, d'un commentaire indiquant ce

---

1. Extrait d'une lettre à Cham, in Töpffer, *L'Invention de la bande dessinée*.
2. Alain Rey, *Les Spectres de la bande,* Les Éditions de Minuit, 1977, p. 73.

qui doit être lu[1]. L'illustration venait fixer en un tableau ce que les raffinements de la phrase, multiplement, s'étaient efforcés de suggérer.

Même chez les dessinateurs les plus virtuoses, le langage restait la source fondamentale et la clé de toute compréhension. Quand il n'illustrait pas les *Fables* de La Fontaine ou *Les Voyages de Gulliver,* Grandville, contemporain presque exact de Töpffer, fondait fréquemment ses dessins sur une idée langagière. Dans ses carnets, abondent les recherches d'homonymes dans un esprit qui évoque Raymond Roussel[2]. Bien des dessins et des caricatures fonctionnent chez lui comme de véritables rébus. Ce n'est d'ailleurs pas pour rien que l'un de ses premiers recueils, paru en 1830, s'intitule *Les Principes de Grammaire.* Et il est fort plausible que ce soit l'auteur des *Métamorphoses du jour* que Töpffer ait voulu viser lorsqu'il écrit, au début de l'*Essai de Physiognomonie,* « faire de la littérature en estampes... ce n'est pas non plus mettre en scène un proverbe ou en représentation un calembour ».

Grandville lui-même regrettait parfois de devoir se conformer à la logique d'un écrit préalable. Dans le prologue de son livre le plus audacieux, *Un autre monde* (1843), c'est le crayon du dessinateur qui prenait la parole, contraignant la plume de l'écrivain à faire connaître les griefs qu'il nourrissait à son égard :

---

1. La photo de presse et les journaux télévisés sont aujourd'hui les deux genres où ce fonctionnement se laisse observer sous sa forme la plus pure. L'usage fréquent d'images d'archives – non directement liées au propos – dans les informations télévisées montre à quel point c'est le discours qui permet au visuel d'y faire sens.

2. Pour tout ce qui concerne Grandville, je ne peux que renvoyer à l'ouvrage très documenté d'Annie Renonciat, *La vie et l'œuvre de J.-J. Grandville,* ACR Édition-Vilo, 1985.

Sans le secours de la légende, le dessin demeurerait d'une grande obscurité.

Grandville, « Il n'y a point de belles prisons ni de laides amours », in *Cent proverbes*.

Vos inspirations ne me suffisent plus, votre tyrannie me fatigue ; j'ai été trop modeste jusqu'ici ; il est temps que l'univers apprenne à me connaître. Dès aujourd'hui, je prends la clé des champs ; je veux aller où me conduira ma fantaisie ; je prétends moi-même me servir de guide : vive la liberté [1].

1. Grandville, *Un autre monde,* texte cité dans *La vie et l'œuvre de J.-J. Grandville.*

Chose frappante d'ailleurs, Grandville avouait sur ce point sa fascination pour Töpffer :

> C'est un homme remarquablement privilégié ; j'ai souvent envié cette double faculté de traduire la pensée par le dessin et le style ; j'ai parfois essayé, mais en vain ; la plume est rebelle sous mes doigts pour former des phrases. C'est ennuyeux d'avoir des collaborateurs qui pensent beaucoup plus à se faire valoir qu'à donner du relief aux scènes dessinées. M. Töpffer est bien heureux de produire le texte et la gravure[1].

Et Töpffer s'étonnait que Grandville ne fasse pas « tout lui-même, dessins et légendes au bas, ce qui est un grand avantage »[2].

Si le lecteur était de l'autre côté...

Plus d'un demi-siècle durant, la leçon de Töpffer va tomber dans l'oubli. Dans l'exemple déjà évoqué de *Mr Cryptogame* adapté par Cham pour la revue *L'illustration,* une des premières modifications concerne le texte : il sort du cadre et est composé de manière typographique.

Loin d'être simplement technique, ce changement est fondamental. Car le texte, dès lors qu'il est séparé de l'image par un cadre rigide et une typographie tout extérieure, va connaître la tentation de l'autonomie. Au lieu de fonctionner comme un élément de la case, il redevient un fragment dans une continuité de type littéraire. Déroulant un ordre presque immuable qui est celui de la phrase, le commentaire

---

1. Propos cités dans *Rodolphe Töpffer, l'écrivain, l'artiste et l'homme,* Slatkine, Genève, p. 117-118.
2. Lettre à Dubochet du 6 janvier 1841, *Un Bouquet de lettres de Rodolphe Töpffer,* Payot, Genève, p. 109.

A partir d'Amiens, la famille commence à interroger l'horizon dans l'espoir d'y découvrir la tour Eiffel. « Ce monument qui, selon la belle expression de M. Fenouillard, est une couronne de gloire plantée comme un défi à la face des nations ! »

Christophe, *La Famille Fenouillard*,
« Il ne faut pas dire fontaine »…

Les Fenouillard ont profité de l'arrêt du train pour y monter et comme ils ont des loisirs, ils reprennent leur occupation qui est d'explorer attentivement les nuages dans le but d'y découvrir la tour Eiffel.

Deux cases identiques hormis la légende !

Christophe, *La Famille Fenouillard*,
« Premier exploit du parapluie rouge ».

impose un découpage infiniment moins libre que celui de Töpffer.

De *Môssieu Réac* de Nadar à *Bécassine* et aux *Pieds Nickelés* en passant par les images d'Épinal, l'*Histoire de la Sainte Russie* de Gustave Doré et les albums de Christophe, la tradition française va s'appuyer sur cette formule, favorisant le développement d'une forme de bande dessinée au caractère essentiellement verbal, jusque dans son humour [1].

C'est ainsi que, dans *La Famille Fenouillard* – qui paraît dans *Le Petit Français illustré* à partir de 1889 –, Christophe s'amuse à reprendre exactement la même vignette à deux pages d'intervalle, en l'assortissant de deux légendes différentes. L'image, à elle seule, montre peu ; c'est le commentaire qui la rend éloquente.

Emprunté à la même séquence, l'exemple suivant est peut-être encore plus symptomatique. Car c'est au sens propre à un retournement des conceptions de son maître Töpffer que s'y livre Christophe. Là où le dessinateur genevois se plaisait à mettre en scène les transformations d'un faciès, l'auteur de *La Famille Fenouillard* ne présente que quatre dos... et une légende pleine d'ironie. « Si lecteur était de l'autre côté... ». Mais de quel côté, sinon celui du dessin, du visage et des jeux de physionomie ? C'est le texte qui vient *dire,* chez Christophe, ce qui selon Töpffer constituait l'essence du *visible*.

---

[1]. L'humour d'un René Goscinny, avec la place prépondérante qu'il accorde aux jeux verbaux, pourrait d'ailleurs être considéré comme une sorte de continuation de cette tendance.

Les émotions et la digestion invitent la famille à faire la sieste. Un strident coup de sifflet réveille les dormeurs. O sort cruel ! C'est le train qui file ! Si le lecteur était de l'autre côté, il pourrait constater ce fait d'une haute portée scientifique, que le même phénomène fortuit et inattendu, peut produire sur des physionomies différentes la même expression de désappointement.

Une inversion presque explicite des principes de Töpffer.
Christophe, *La Famille Fenouillard*, « Il ne faut pas dire fontaine »…

Little Nemo fait ses classes

À l'autre bout du monde, au même moment, les choses prennent une tournure bien différente. Depuis Richard Outcault et son *Yellow Kid* (1896), le phylactère est en effet de la partie. C'est que, loin de se fonder sur une tradition littéraire, la bande dessinée naissante y place d'emblée l'image au poste de commande.

De cette nouvelle conception, les débuts de *Little Nemo in Slumberland* sont éminemment révélateurs. Dès la première planche, qui paraît le dimanche 15 octobre 1905, ce sont les jeux graphiques qui dominent. De case en case, le paysage ne cesse de changer de couleur et se remplit d'animaux plus pressés les uns que les autres, jusqu'à la chute qui voit Nemo plonger dans le vide en trois images de plus en plus dépouillées, et, par un habile raccord de mouvement, se retrouver au pied de son lit. La chose est manifeste : l'essentiel de cette petite fiction s'appréhende de façon purement visuelle.

Certes, en ces premiers temps de la série, demeurent quelques traces de primitivité. La bande dessinée américaine n'a pas dix ans et ses codes sont loin d'être tous établis. Mais ce n'est pas le moindre charme de ces pages que de nous montrer McCay apprenant à se passer de ces béquilles que sont les commentaires disposés sous les images. Après vingt épisodes de *Little Nemo,* le dessinateur se rend compte de leur caractère superflu : ce qui peut être vu excède si largement ce qui se donne à lire que toute légende est inutile. Quelques semaines durant, il relègue le commentaire dans un bandeau-titre du reste hautement graphique, puis il décide de s'en dispenser complètement.

En moins de six mois, au début de ce siècle, Winsor McCay a donc franchi le pas qu'un Edgar Jacobs ne pourra se résoudre à faire en plus de trente ans de carrière : assumer dans toute sa force la nouveauté de l'art qu'il pratique.

Pour McCay, dès lors, le cauchemar sera celui d'un langage qui domine au point d'occulter toute image, ainsi que le montreront, en 1910, les écriteaux envahissants de la planète Mars. Dans les propriétés de l'infâme Mr Gosh, tous les mots sont monnayables. « Demi-tour, capitaine, ou nous allons mourir étouffés », s'écrie le petit Nemo…

De Totor à Tintin

L'histoire de la bande dessinée semble faite, notamment, d'une succession d'amnésies. Ce que Töpffer a pressenti sera oublié pendant plus d'un demi-siècle, avant d'être réinventé par les Américains. Et Hergé devra laborieusement redécouvrir ce que Dirks, McManus, McCay et quelques autres avaient compris plus de vingt ans avant qu'il ne commence à dessiner.

Dans les *Extraordinaires aventures de Totor, C. P. des Hannetons* qui paraissent dans *Le Boy-Scout belge* à partir de juillet 1926, le dessinateur est encore loin de la formule qui fera le succès de Tintin :

> Ce n'était pas encore vraiment de la bande dessinée, mais du texte illustré, ou, si l'on préfère, des dessins avec légendes. Mais de temps en temps, tout de même, je risquais un timide point d'interrogation, ou bien quelques étoiles lorsque par exemple un personnage recevait un coup de poing. Je devais avoir vu ça dans *L'Épatant* ou dans *Les Belles Images,* les illustrés de l'époque [1].

Dans ces vingt-six planches, la chose est manifeste, c'est le texte qui offre la plupart des articulations narratives : les images viennent se calquer sur son inaltérable déroulement. Tout comme chez Christophe, c'est du reste dans les légendes que se révèle l'essentiel de l'humour de la série, un humour fondé sur le contraste entre l'allure un peu godiche du héros et le style noble affecté par le commentateur.

Sous l'influence de Saint-Ogan et surtout des Américains, Hergé en vient enfin au phylactère. Devenue

---

1. Numa Sadoul, *Entretiens avec Hergé,* édition définitive, Casterman, « Bibliothèque de Moulinsart », 1989, p. 24. On trouvera d'autres précisions sur ces questions dans mon livre *Hergé, fils de Tintin,* Flammarion, « Grandes Biographies », 2002.

Le C. P. décrivit une gracieuse parabole qui se termina dans l'estomac d'un gentleman aux allures louches, qui s'écroula à ce contact dépourvu d'aménité.

Des cris et des acclamations retentirent et tandis que le gentleman en était à sa 18.479e chandelle, Totor, encore tout endolori...

se trouva juché sur des épaules robustes et porté en triomphe à travers la ville. Il venait de faire la capture de John Blood, le célèbre criminel, dont la tête était mise à prix.

Totor fut enfin conduit chez le chef de police qui le félicita chaleureusement et lui remit le chèque de 5.000 dollars promis pour la capture du bandit John Blood.

« Ce n'était pas encore vraiment la bande dessinée... »
Hergé, *Extraordinaires Aventures de Totor,*
C.P. des Hannetons.

bulle ou ballon, la parole est soudain gagnée par la légèreté. Aérienne, la voici qui peut se promener dans l'image : *verba volant*.

Cette modification que l'on aurait pu croire purement technique affecte toute l'organisation narrative. Désormais, les images s'enchaînent selon des principes véritablement visuels. L'humour, lui aussi, se transforme : il n'est plus question d'un décalage de ton, mais d'un comique fondé sur les actions et les situations.

En France, malgré le succès de *Zig et Puce,* les choses étaient apparemment loin d'aller de soi. Lorsque *Tintin au pays des Soviets* fut repris dans *Cœurs Vaillants,* les responsables ajoutèrent des textes explicatifs sous les dessins, persuadés qu'un récit visuel privé de commentaires était incompréhensible. Le plus drôle est d'ailleurs que cette adjonction de légendes dans une bande prévue pour ne pas en comporter rend la lecture presque impossible : on ne sait plus par quel bout les images doivent être prises, le rythme induit par le texte étant incompatible avec celui proposé par les dessins. Les Français, dès cette époque et pour un bon moment, semblent avoir connu quelques difficultés avec la narration visuelle.

Je ne crois pas me tromper en voyant dans l'absence de toute référence littéraire prégnante la grande chance d'Hergé et des dessinateurs américains de la première génération[1]. Si modèle il y a

---

1. Par-delà Hergé, on pourrait voir là l'une des explications de la force de la bande dessinée belge. Écartelée entre plusieurs cultures, ne s'appuyant pas sur une histoire littéraire importante, la Belgique aurait adopté plus vite et plus facilement que la France cette forme mixte qu'est la bande dessinée. Il est en tout cas frappant de constater que la tradition du récit illustré et de l'adaptation littéraire avait encore de nombreux adeptes en France – par exemple dans *Vaillant* – à une époque où les auteurs belges y avaient depuis longtemps renoncé.

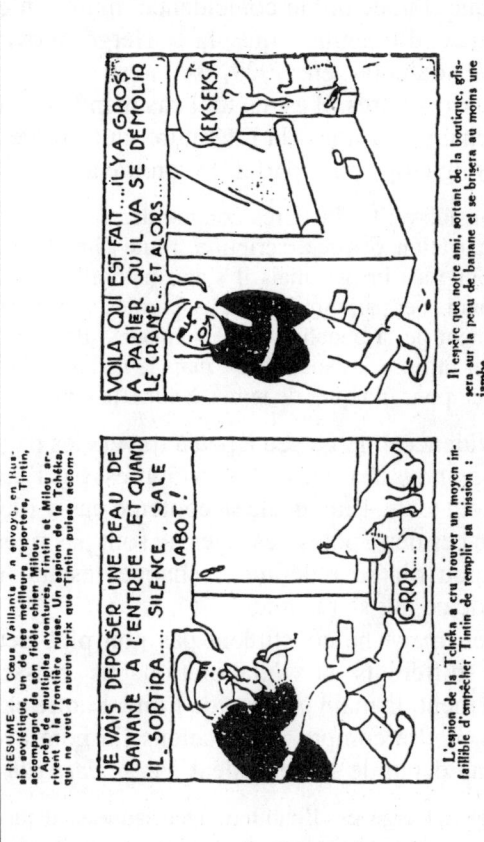

Le dessinateur dut intervenir vigoureusement pour que cessent ces ajouts.
Hergé, *Tintin au pays des Soviets*, version *Cœurs Vaillants*, 1930.

pour Hergé, il est issu de cet autre art neuf qu'est le cinéma – un cinéma qui, au moment même où débutent *Les Aventures de Tintin,* est en train de passer au parlant et donc de devenir synchrone. Peut-être ne s'agit-il que d'une simple coïncidence, mais il n'est pas absurde d'imaginer que la « Hergé moving pictures » souhaita, en 1929, se séparer de ses propres cartons titres. Il est en tout cas manifeste que c'est au cinéma, et non à la littérature, que Hergé se référera longtemps pour parler de son travail :

> Je considère mes histoires comme des films. Donc, pas de narration, pas de description. Toute l'importance, je la donne à l'image, mais il s'agit naturellement de films sonores et parlants 100 %, les paroles sortent graphiquement de la bouche des personnages. Il m'arrive de devoir utiliser des sous-titres, mais je ne les emploie guère que pour indiquer de temps à autre la durée [1].

Une évidence émerge peu à peu à travers les pages de *Tintin au pays des Soviets* : le récit n'est pas l'apanage du seul texte, l'image ne se contente pas d'illustrer. Entre ces deux pôles, les rôles ne sont pas figés ; ils vont pouvoir se redéfinir à chaque instant, en fonction de ce qui se raconte.

Texte et image ne constituent pas non plus deux moments différents de l'élaboration, ils naissent simultanément, la main glissant de l'un à l'autre sans bien s'en rendre compte. Jan Baetens l'a noté avec justesse, au début de son excellent *Hergé écrivain* :

> Propre à Hergé est l'habileté avec laquelle il passe sans cesse du linguistique au visuel et inversement, quitte à s'attarder dans un des domaines chaque fois que

---

1. Interview de Hergé à Radio-Bruxelles du 4 mars 1942. Reprise dans *Les Amis de Hergé,* n° 6, p. 16-17.

le récit l'exige (il n'est pas rare que six cases sans phylactère soient suivies d'une grande image saturée d'informations verbales). De même que la parole a tout loisir de prendre la place d'un chaînon visuel, de même l'image peut à tout moment se substituer à un indice verbal [1]

Paroles, paroles

Harold Foster ou la nostalgie de l'Histoire

Mais le consensus était loin d'être unanime. Et curieusement, c'est de plusieurs dessinateurs de premier plan que vint une réaction que l'on pourrait qualifier de néo-illustrative.

Dans le *Prince Valiant* de Harold Foster, toute image s'accompagne d'une légende, moins sans doute par un acte d'allégeance envers la littérature que pour permettre aux dessins de fonctionner comme autant de petits tableaux, peu contraints par la narration. Mais, pour peu que l'on aligne ces textes de commentaire, on ne tarde pas à percevoir leur nature autosuffisante : ils offrent, à eux seuls, un récit à part entière :

1. Pendant les accalmies, entre deux batailles, on tient des paris aux dépens des Huns.
2. À l'intérieur, la vie continue aussi joyeusement qu'auparavant.
3. Mais sur les remparts en ruine, la vigilance ne se relâche pas.
4. Les cadavres ennemis s'amoncellent au pied des murailles et Val est au milieu de ces continuels massacres.
5. Puis vient le jour tant redouté, vivres et boissons sont épuisés.

1. Jan Baetens, *Hergé écrivain,* Éd. Labor, collection « Un livre, une œuvre », 1989, p. 9.

Une réaction néo-illustrative…

Harold Foster, *Prince Valiant*, planche du 25 juin 1939.

6. Camoran se lève en souriant : « Les barbares font la loi d'une mer à l'autre, nous sommes les derniers chevaliers-troubadours. Grâce à nous, la vie fut plus agréable dans le monde ; maintenant, nos vivres sont épuisés ; ami, demain, nous ferons ce qui doit être fait ».

Rapporté et entouré de guillemets, le dialogue lui-même s'immobilise, induisant un rythme distancié, très éloigné de celui de la plupart des bandes dessinées. Il est vrai que, la série *Prince Valiant* mettant en place un rapport nostalgique à l'historicité, tout se passe comme si la technique narrative se voulait contemporaine des événements qu'elle relate. Ce serait une chanson de geste illustrée que nous tiendrions entre les mains.

Mais le *Tarzan* de Burne Hogarth et le *Flash Gordon* d'Alex Raymond reposent sur des principes très similaires, sans qu'une explication de cet ordre puisse se trouver avancée. Le plus probable est que ces dessinateurs virtuoses trouvaient dans un tel dispositif une liberté paradoxale : l'essentiel du récit étant assumé par le texte, l'image pouvait développer à sa guise ses aspects les plus séduisants et les plus spectaculaires.

Edgar Jacobs ou le triomphe du récitatif

Il n'est guère étonnant qu'Edgar P. Jacobs – qui découvrit la bande dessinée à travers Raymond et commença par proposer, avec *Le Rayon U,* un substitut de *Flash Gordon* – ait d'abord repris ce système. Il est plus surprenant qu'envers et contre tout, et malgré sa proximité avec Hergé, il soit demeuré fidèle au principe du *récitatif*[1].

---

1. Emprunté au vocabulaire musical, ce terme me semble particulièrement adéquat pour les œuvres d'Edgar Jacobs. L'ancien baryton ne déclarait-il pas : « Je considère mes récits illustrés (sic !) comme des sortes de grands opéras dont chacun comporte ses héros, ses "traîtres", un "père noble" ou un grand prêtre, ses chœurs et même ses ballets ainsi que ses décors qui donnent l'ambiance. Je vois même le rideau rouge se lever sur la première scène et retomber solennellement sur le tableau final. » (Propos cités in *Edgar Jacobs : trente ans de bande dessinée,* Éd. Alain Littaye, 1976, p. 50.)

C'est le texte de commentaire qui permet au récit de bondir d'un lieu à l'autre.
Edgar P. Jacobs, *La Marque Jaune*.

Certes, chez l'auteur du *Piège diabolique,* le texte s'intègre graphiquement aux images ; certes, les dialogues sont pris dans des phylactères, mais il n'en reste pas moins que la conduite du récit reste dominée par une problématique d'ordre littéraire. La narration jacobsienne s'appuie sur une sorte de roman préalable, dont le découpage graphique vient épouser la structure. Cette méthode de travail influence fondamentalement la construction de ses récits.

C'est en effet grâce à ce que l'on pourrait nommer des *opérateurs syntaxiques* que l'auteur peut, en un instant, sauter d'un groupe de personnages à un autre. De cette avancée par bonds successifs, l'usage presque obsessionnel de la conjonction « mais » est l'un des signes les plus frappants ; on ne compte pas non plus les « tandis que », les « cependant » et autres « à ce moment ».

Si l'on observe par exemple la page 11 de *La Marque Jaune*, on ne tarde pas à s'apercevoir que l'ensemble de la planche se trouve pris dans une sorte de *glu langagière*, qui organise à elle seule le découpage. Une phrase s'interrompt sur des points de suspension, pour se prolonger dans la vignette suivante. Chacune des cinq premières cases repose sur des articulations de cet ordre, seules capables de nous transporter instantanément d'un endroit à un autre :

1. La nuit descend... Et tandis qu'à Scotland Yard on se prépare à agir à la première alerte...
2. ... au « Daily-Mail », Macomber donne ses dernières instructions pour l'édition du matin...
3. Cependant que, dans un cliquetis incessant, les linotypistes sont au travail...
4. ... à la salle des rotatives, on attend que l'édition soit bouclée pour « rouler »...
5. ... Lentement, « Big Ben » égrène les heures sur la cité inquiète...

D'où l'importance de ces textes de commentaires dont on a dit un peu vite qu'ils étaient aussi redondants que superflus : ils constituent parfois les seuls éléments capables de lier l'une à l'autre deux cases désespérément disjointes sur le plan visuel.

Dans un article de 1964 intitulé « Rhétorique de l'image », Roland Barthes s'était efforcé de définir les fonctions du message linguistique par rapport au message iconique, dégageant deux fonctions bien différentes : l'*ancrage* qui vise à « fixer la chaîne flottante des signifiés, de manière à combattre la terreur des signes incertains » ; le *relais* par lequel « la parole (le plus souvent un morceau de dialogue) et l'image sont dans un rapport complémentaire »[1]. Ces deux fonctions sont constamment à l'œuvre chez Jacobs, mais je serais tenté d'en ajouter une troisième, la *suture,* dispositif spécifique à la bande dessinée par lequel le texte vise à établir un pont entre deux images séparées.

L'image sans voix

Aux antipodes de cette tendance, une partie de la bande dessinée s'est développée de manière résolument muette, par réaction contre l'emprise langagière et désir de mettre en avant la visualité. Thierry Groensteen a récemment entrepris de retracer l'histoire trop méconnue de la bande dessinée muette, histoire qui commence avec les « Bilder ohne Worte » (images sans paroles) d'Adolf Oberländer publiées dans les *Fliegende Blätter* dès les années 1860 et se poursuit sans interruption jusqu'à nos jours[2].

Si les dessinateurs de *cartoons* sont ainsi parvenus à mettre au point d'innombrables gags « sans paroles », par un jeu de variations parfois fort ingénieuses, les récits de grande ampleur obéissant à cette contrainte sont infiniment plus rares.

En 1976, *Arzach* de Mœbius proposait une sorte de réveil du regard. Parfaitement intelligibles sur le plan narratif, les quatre récits de huit planches que contenait ce volume avaient exigé du dessinateur une rigueur particulière dans le découpage. Mais ils sup-

---

1. Roland Barthes, « Rhétorique de l'image » in *L'Obvie et l'Obtus,* Seuil, 1982, p. 32-33.
2. Thierry Groensteen, « Histoire de la bande dessinée muette » in *9ᵉ Art* n° 2 et 3.

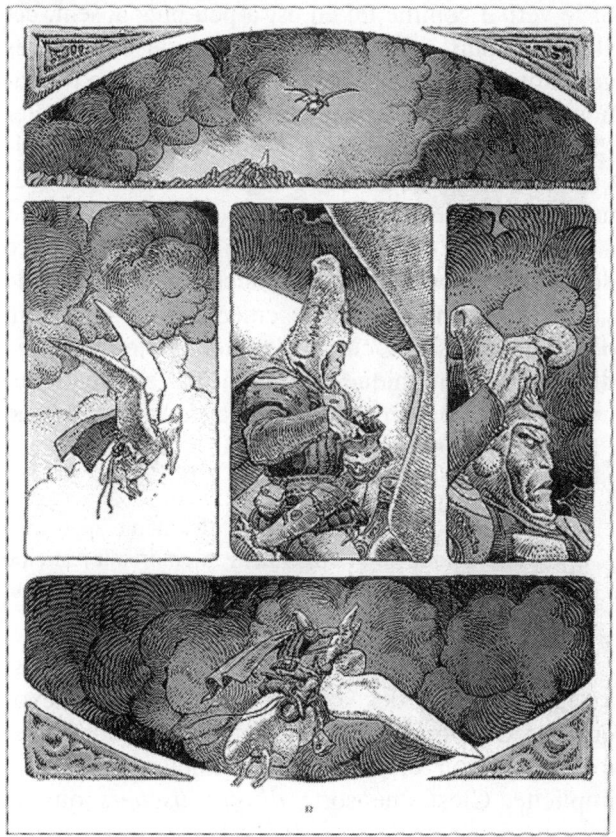

Le récit muet comme champ privilégié d'expériences graphiques.

Mœbius, *Arzach*.

posaient aussi que le lecteur se fasse attentif aux moindres détails du dessin.

Soirs de Paris d'Avril et Petit-Roulet apporta des éléments de réponse assez différents à ces questions.

Si le verbal comme tel en est à peu près absent, cet album recourt à une grande variété de phylactères graphiques, y compris pour suggérer les conversations. La chose est assez claire : loin de dissimuler l'absence du langage, le procédé la souligne ironiquement, remplaçant des dialogues mondains convenus par un code paradoxal.

Si séduisant que puisse être le pari, cette absence de texte ne garantit en soi aucun supplément de visualité. De même que le cinéma muet était loin d'être toujours un cinéma visuel, cette nostalgie d'une pureté graphique ne conduit pas automatiquement à un accroissement de spécificité. Antonin Artaud l'avait déjà objecté, dans les années vingt, aux champions du « cinéma pur » :

> Le cinéma pur est une erreur, de même que dans n'importe quel art tout effort pour atteindre au principe de cet art au détriment de ses moyens de représentation objectifs [1].

Il faut du reste noter que, si le texte comme tel est à peu près absent des volumes que l'on vient d'évoquer, le discours comme instance organisatrice est loin d'en avoir disparu : il est simplement devenu implicite. C'est une sorte *d'infra-discours* qui, le

---

1. Cité par Thierry Groensteen dans son texte « La narration comme supplément » in *Bande dessinée, Récit et Modernité,* Futuropolis, 1988, p. 47. Cette phrase remarquable de lucidité apporte une réponse pertinente au vieux débat, hérité de la théorie du cinéma, sur les codes spécifiques et les codes non spécifiques. La chose me paraît claire : dès lors qu'il est véritablement intégré au média qui le met en œuvre, tout code peut devenir spécifique. La conception inverse reviendrait d'ailleurs à voir la spécificité de la bande dessinée se réduire comme une peau de chagrin…

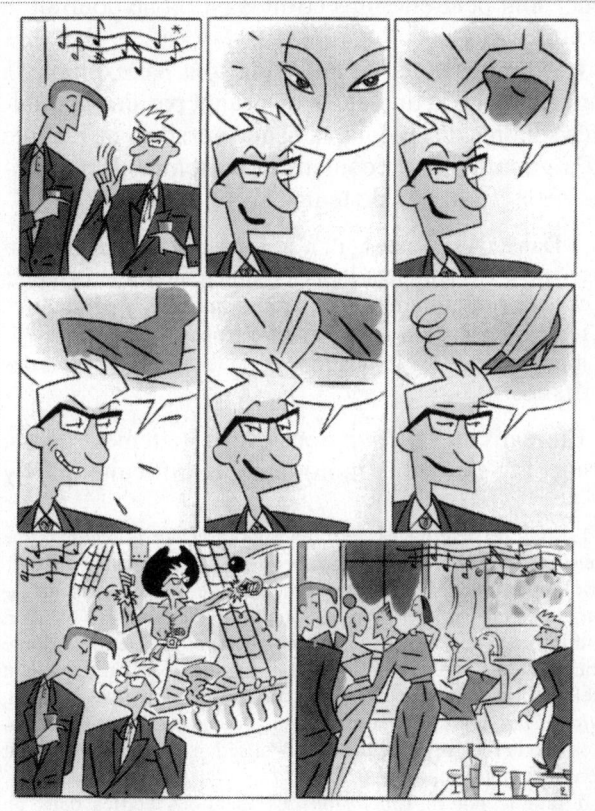

Un jeu plein d'humour sur l'absence de dialogues.
Avril et Petit-Roulet, *Soirs de Paris*.

plus souvent, permet au lecteur de passer d'une case à l'autre. De par sa nature virtuelle, il est condamné à rester relativement simple pour ne pas ouvrir sur des ambiguïtés trop considérables. Les voies du récit muet sont peut-être plus étroites qu'on ne pourrait le croire [1].

Les limites de la visualisation sont par exemple la suggestion de la durée. Ne disposant pas des possibilités sonores du cinéma, la bande dessinée ne restitue qu'à grand-peine l'écoulement du temps. Hergé lui-même le disait peu de temps avant sa mort :

> Dans mes bandes, il n'y a pas de récitatifs, sauf quand c'est vraiment indispensable et alors je le réduis au strict minimum : « trois jours après », « pendant ce temps », etc. Je n'ai pas encore trouvé le moyen d'éliminer ce genre d'indications et de les remplacer par des dessins [2].

En réalisant *La Tour,* nous avons nettement perçu, François Schuiten et moi-même, la difficulté qu'il y

---

[1]. Long de cent pages, le roman-photo *Droit de regards,* que j'ai coréalisé avec Marie-Françoise Plissart, s'efforça lui aussi de développer une véritable narration, hors de tout élément langagier. Le récit explore diverses situations élémentaires (amour, conflit, errance, poursuite, contemplation) et les combine d'une étrange façon, en un jeu d'inclusions paradoxales. En travaillant quelques années plus tard à un autre récit quasi muet, *Aujourd'hui,* nous nous sommes rendu compte des limites narratives que la reprise de ce principe – si séduisant soit-il – risquait bientôt de nous imposer.

Il faut le noter : l'inclusion des mentions écrites dans un roman-photo pose des problèmes particuliers, que la bande dessinée ne rencontre pas. Alors que le lettrage manuel permet de lier les mentions écrites au dessin, le texte reste toujours un corps étranger, difficilement intégrable dans une photographie. Le phylactère y fait tache. (Pour plus de détails sur ces questions, je me permets de renvoyer au texte « À la recherche du roman-photo » in *Photolittérature, Revue des sciences humaines,* n° 210, avril-juin 1988, et surtout à *L'Aventure des images,* éd. Autrement, coll. Mutations n° 167, 1996.)

[2]. « Conversation avec Hergé » in *Le Monde d'Hergé,* Éd. Casterman.

avait à se passer de toute mention de cet ordre. Certes, il nous fut possible de mettre en place plusieurs codes capables de marquer l'écoulement du temps, mais la perpétuation de ce système aurait imposé une ingéniosité d'autant plus vaine qu'elle n'augmentait pas forcément la plasticité du récit. Le risque était en effet celui d'une sorte de linguistique visuelle procédant par images-signes, comme ces plans de pendules ou de calendriers s'effeuillant lentement qui se multiplièrent dans les dernières années du cinéma muet. Michel Chion l'a clairement montré :

> Il est certain que ces pendules et ces calendriers symboliques sont l'équivalent d'un mot ou d'un syntagme, qu'ils veulent dire exactement : « Le 5 janvier, M. X décida que... » ou bien : « Il était trois heures quand... » Le texte, pour ne pas être écrit, est tout aussi présent dans ces articulations de la narration cinématographique [1].

Unions libres

Loustal-Paringaux : l'accentuation sensorielle

Les limites du *visualisme* intégral, jointes au désir de renouveler les modes de narration par l'image, ont conduit à des expériences d'un autre type. Depuis quelques années, les tentatives d'établir de nouvelles relations entre le texte et les images se sont multipliées.

Dans des albums comme *Cœurs de sable, Barney et la note bleue* ou *Kid Congo* de Jacques de Loustal et Philippe Paringaux, le commentaire est présent

---

1. Michel Chion, « Éclipses du texte-roi » in *La Toile trouée*, Éditions de l'Étoile, 1988, pp. 87-100.

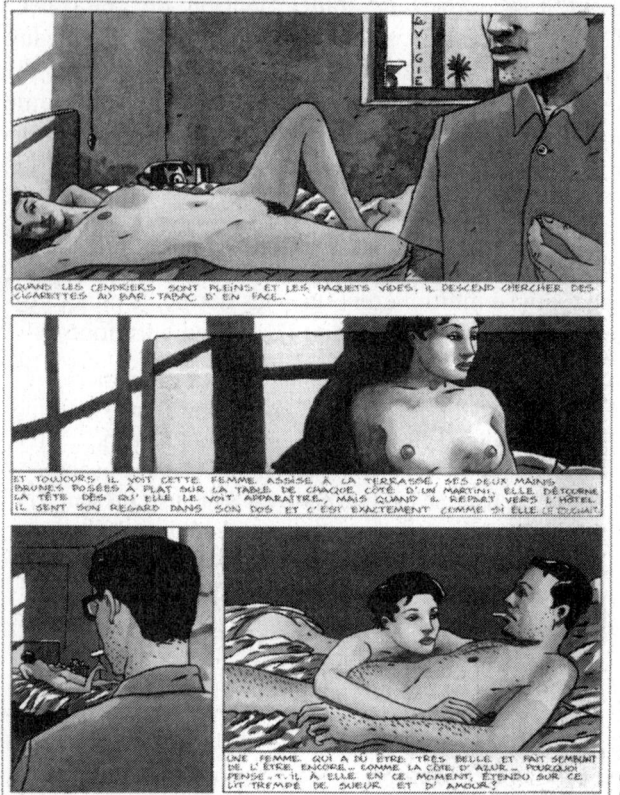

Un jeu subtil de contrepoint entre le texte et l'image, une narration à deux vitesses.

Loustal-Paringaux, *Barney et la note bleue*.

sous le dessin et nettement détaché de lui, suivant un dispositif qui pourrait sembler assez proche de celui de Harold Foster ou d'Alex Raymond. En réalité, le fonctionnement est tout différent, car les textes de Paringaux, loin d'être de simples adjuvants de lisibilité, insistent sur les éléments que le dessin ne peut que difficilement restituer : les pensées et les sentiments des personnages, mais aussi les bruits, les odeurs, les atmosphères et les climats – tout ce qui relève en somme de l'accentuation sensorielle.

Il arrive même que le texte et les images décrivent deux parcours différents à travers la planche, établissant une nouvelle forme de complémentarité. Tel est le cas, par exemple, de la page 44 de *Barney et la note bleue*.

« Quand les cendriers sont pleins et les paquets vides, il descend chercher des cigarettes au bar-tabac d'en face », est-il écrit dans la première vignette. Mais ni les cendriers ni les paquets ne sont visibles dans un dessin que le corps nu d'une femme et la chemise d'un homme occupent presque entièrement.

La seconde case est plus étonnante encore : « Et toujours il voit cette femme assise à la terrasse, ses deux mains brunes posées à plat sur la table, de chaque côté d'un martini. Elle détourne la tête dès qu'elle le voit apparaître, mais quand il repart vers l'hôtel, il sent son regard dans son dos et c'est exactement comme si elle le touchait. » Car ce que montre le dessin, c'est manifestement une autre femme, la même que dans la première image ; assise sur le lit, elle détourne les yeux.

La troisième case est pour sa part muette, comme du reste d'assez nombreux dessins de Loustal, prouvant ainsi l'aptitude de ses images à assumer seule leur charge narrative, sans le secours du moindre commentaire.

« Une femme qui a dû être très belle et fait semblant de l'être encore – comme la Côte d'Azur. Pourquoi pense-t-il à elle en ce moment, sur ce lit trempé de sueur et d'amour ? » En concluant la quatrième case sur cette question, alors que le dessin montre les deux personnages ensemble sur le lit, le texte de Paringaux vient réconcilier les deux instances que le reste de la planche avait fait mine de dissocier. Il s'agit bien d'une seule et même histoire ; simplement, elle a recours à deux instruments différents.

Les paradoxes de Lewis Trondheim

Que la bande dessinée puisse naître d'un dialogue décalé entre l'iconique et le verbal, nul ne l'a sans doute mieux prouvé que Lewis Trondheim. Avec ses premiers albums, il a joué en virtuose de la combinaison d'un graphisme minimaliste let d'un dialogue inventif.

Il a lui-même fort bien décrit la genèse de son premier album, *Psychanalyse* :

> Au départ, je ne savais pas dessiner. J'ai donc imaginé un moyen de contourner l'obstacle. Tout l'album *Psychanalyse* a été réalisé à partir de douze dessins minuscules qui, ensemble, occupent sur la feuille environ 9 cm². Tous ces petits dessins tramés représen-

Lewis Trondheim, *Psychanalyse*.

Dès le premier strip, Trondheim fait parler le rocher…
Lewis Trondheim & J.-C. Menu, *Moins d'un quart de seconde pour vivre*.

tent le même monstre informe, représenté de trois quarts avec quelques variantes dans l'expression. Ils étaient ensuite fortement agrandis à la photocopieuse, je les combinais et j'y rajoutais les bulles[1].

Par de brèves répliques, le personnage dialogue avec un interlocuteur invisible, à coup d'associations d'idées, de pseudo-souvenirs et de tests divers. La drôlerie qui se dégage de leurs échanges fait de ce petit album (comme de *Monolinguistes* qui le prolonge) bien davantage qu'un simple exercice.

Né d'un atelier qui se tint pendant le colloque de Cerisy sur la bande dessinée, *Moins d'un quart de seconde pour vivre* explore une contrainte typiquement « pré-oubapienne »[2] :

> J'ai fait sur des dessins de Menu – et sur sa proposition – à peu près le même travail que j'accomplissais auraparavant sur les miens. Jean-Christophe a dessiné en tout et pour tout huit cases muettes et je les ai librement combinées quatre par quatre (souvent d'ailleurs en répétant quatre fois la même image, comme s'il s'agissait d'un « plan fixe ») pour obtenir cent strips, dont j'ai écrit les dialogues. Ce qui est inhabituel, c'est d'abord que les dessins préexistent au scénario, ensuite qu'ils sont en nombre très limité et sont réutilisés de nombreuses fois[3].

Le dormeur est plus radical encore. Cas suprême d'*itération iconique* (pour reprendre la formule pro-

---

[1]. « Lewis Trondheim : des petits dessins qui montent, qui montent… », interview par Thierry Groensteen, in *Toute la bande dessinée 92,* Dargaud.

[2]. L'Oubapo, officiellement constitué en 1993, a fait paraître un premier recueil de travaux théoriques et pratiques à l'Association en janvier 1997 sous le titre *Oubapo 1.*

[3]. « Lewis Trondheim : des petits dessins qui montent, qui montent… » in *Toute la bande dessinée 92,* Dargaud.

Un seul et même dessin, pour le moins minimaliste, est répété 168 fois.
Lewis Trondheim, *Le Dormeur*.

posée par Thierry Groensteen), ce petit livre utilise un seul et même dessin cinquante-six strips durant. Couché dans son lit, la tête couverte d'un bonnet de nuit et les yeux grands ouverts, le personnage monologue, ou dialogue avec des personnages hors-champ. Quoique fondamentalement inexpressif, son visage semble à chaque fois s'adapter à la situation. La démonstration est aussi exemplaire, et aussi probante, que le célèbre *effet-Koulechov* pour le cinéma[1].

Il est remarquable que cet apprentissage ait permis par la suite à Lewis Trondheim de se montrer aussi à l'aise dans le récit muet (*La Mouche, Non, non, non*) que dans les bavardages souvent désopilants des *Formidables aventures de Lapinot*.

Le roman graphique : une longue quête

Depuis le début des années quatre-vingt, on a vu proliférer des « romans graphiques » de toute espèce, souvent produits par des auteurs de bande dessinée, mais suffisamment éloignés du genre pour ne pouvoir être confondus avec lui.

Certains de ces volumes penchent clairement du côté du livre illustré, ceux notamment dont le texte préexiste et est donné dans son intégralité. C'est le

---

1. Tel que le décrit Alfred Hitchcock dans ses entretiens avec François Truffaut, l'effet-Koulechov est le résultat d'une expérience sur l'impact du montage cinématographique. « Cela consistait à montrer un gros plan d'Ivan Mosjoukine, puis à lui faire succéder le plan d'un bébé mort. Sur le visage de Mosjoukine, se lit la compassion. On enlève le plan du bébé mort et on le remplace par l'image d'une assiette de nourriture et, sur le même gros plan de Mosjoukine, vous lisez maintenant l'appétit » (*Hitchcock/Truffaut*, édition définitive, Ramsay, 1983, p. 178).

cas de la collection « Romans » que publièrent Gallimard et Futuropolis. Étant par nature autosuffisant, un texte comme *Voyage au bout de la nuit* de Céline ne peut que reconduire l'image, fût-elle de Tardi dans son ancien statut d'illustration. Si brillant soit-il, le dessin constitue alors une sorte de prime décorative, ouvrant dans le meilleur des cas sur un réseau second, ayant sa propre cohérence.

Plus curieux me paraît le cas de ces ouvrages qui tentent d'inventer un genre mixte, à mi-chemin entre bande dessinée et texte illustré. Mais si elle a de quoi séduire, la formule est loin d'aller de soi. Les difficultés que rencontrent ceux qui veulent éviter une insidieuse dissociation du texte et des images sont de trois ordres au moins.

Le premier problème, le plus visible, est de mettre au point une nouvelle complémentarité sémantique. Dans *Los Angeles* de Bilal et Christin, le récit, loin de se donner comme un ensemble homogène, se morcelle en d'innombrables fragments, de manière à se lier plus souplement aux images. Parfois, c'est l'évocation d'une atmosphère ; d'autres fois, la relation d'une anecdote ; d'autres fois encore, très brève, une simple légende, s'efforçant d'entraîner dans la lecture celui qui ne faisait qu'observer les dessins[1]. Dans *La Route d'Armilia* de Schuiten et Peeters, il

1. Dans *Le Sceptre d'Ottokar,* les trois pages de la brochure sur la « Syldavie, royaume du Pélican Noir » reposent sur un dispositif assez comparable. Conscient de la violente rupture de codes que constitue l'insertion de ce dépliant touristique, Hergé y multiplie les efforts pour ne pas perdre l'attention du lecteur. Dans *Watchmen* de Moore et Gibbons, par contre, les chapitres intermédiaires sont peut-être trop longs, et trop différents des autres planches, pour que le lecteur n'ait pas la tentation de remettre leur lecture à un improbable lendemain.

arrive fréquemment que le texte cède littéralement la place à l'image, comme si celle-ci venait se substituer à un paragraphe de description. Pour celui qui se contenterait de lire, ne jetant qu'un coup d'œil rapide aux dessins, la perte s'avérerait bientôt considérable, même sur le plan de la pure et simple compréhension. Directement issue de la bande dessinée, une telle logique est, malgré les apparences, fort différente de celle du livre illustré : ayant été conçus au même moment, le texte et les images sont ici réellement solidaires.

Un deuxième problème, plus secret peut-être, est celui de l'échelle des plans et du regard. Remarquablement homogène dans le cas d'une bande dessinée, celle-ci est souvent plus disparate dans le cas d'un roman graphique : le rythme et la distance de contemplation d'une grande image ne sont pas ceux de la lecture. Il est clair à ce point de vue que des vignettes de petite taille fluidifient davantage la lecture qu'une succession de pleines pages ou de doubles pages. Trop spectaculaires, ces dernières sont souvent victimes d'une sorte d'*effet-poster* qui tend à les arracher à la lecture.

Le troisième problème, qui n'est pas le moins important, est celui de l'insertion graphique de l'écrit. Un texte composé constitue presque forcément l'autre du dessin, notamment parce qu'il relève d'un mode mécanique et non plus manuel. C'est sans doute pour cette raison que, dans des albums comme *Gens de France* et *Gens d'ailleurs,* Teulé était resté fidèle au lettrage, si éloignée de la bande dessinée traditionnelle que puisse être sa démarche. C'est assurément pour ce motif que, lors d'une réédition de *La Route d'Armilia,* un lettrage manuel de l'ensemble du texte est venu remplacer la composition typographique ; cette modification n'est pas que technique, elle transforme toute l'économie du volume en renforçant son unité [1].

Il faut d'ailleurs souligner que, voici longtemps, des auteurs comme Hansi, Bilibine, Rabier ou Calvo avaient poussé très avant l'intégration plastique du texte et de l'image : les frises, les cadres, les fonds et les lettrines métamorphosaient insidieusement l'écrit en élément graphique. Mais la question, une fois de plus, est loin de n'être que décorative. Il s'agit surtout d'observer l'incidence de ces nouvelles données sur la lecture.

Une synthèse miraculeuse

Les difficultés mêmes que rencontrent ces ouvrages mêlés ne prouvent-elles pas, a contrario, la force et la justesse du média bande dessinée ? Loin d'être une forme pauvre et bâtarde, unissant tant bien que mal le littéraire et le pictural, la bande dessinée n'apparaît-elle pas comme une synthèse particulièrement efficace et cohérente, un langage plein, aussi solide que le cinéma ?

Au lieu de voir dans le texte un matériau hétérogène et agressant, les véritables auteurs de bande

---

1. Dans le début de *La Fièvre d'Urbicande,* la lettre qu'adresse Eugen Robick à la Commission des Hautes Instances pourrait être lue comme une lente préparation à la forme bande dessinée. Le texte lui-même, multiplement, s'y fait image : le choix d'un caractère rare au dessin frappant, le motif du papier inscrivant déjà la verticalité, la présence insistante de l'en-tête, l'insertion d'images avec légendes manuscrites, l'ample signature de l'urbatecte, tout concourt à différencier ces pages d'une préface traditionnelle, extérieure à la fiction.

Un texte rigoureusement inséparable de l'image.
Will Eisner, *Un bail avec Dieu*.

dessinée le perçoivent en effet comme une donnée fondamentale, participant pleinement du travail graphique de la case et de la planche et favorisant leur traversée. Car le texte, souvent, dit autant par sa taille, sa forme, sa position dans l'image que par son seul contenu.

Les lettres se boursouflent, s'amincissent ou se disloquent. Elles débordent des bulles, envahissent l'image, se font pure onomatopée, parvenant ainsi à suggérer une véritable polyphonie. Du verbal à l'iconique, il n'y a pas de solution de continuité. Des indices de mouvements (images devenues signes) aux onomatopées (signes devenus images), nombreux sont les éléments qui ménagent une transition fluide entre ces modes de représentation. Peut-être est-ce parce que l'écriture idéographique les y prédisposait que les Japonais ont joué particulièrement de ces ressources à travers toute l'histoire de la *manga*.

Un dessinateur comme Will Eisner a insisté également, dans ses ouvrages sur la bande dessinée, sur les possibilités expressives du lettrage. L'écrit, dans ses albums, tend à se rapprocher du calligramme. Les titres, déjà, donnent le ton du récit. Dans les pages elles-mêmes, les mots se font gothiques ou hébraïques, ils grandissent, boursouflent, se fissurent ou tombent en pluie. Ils sont dessins de bout en bout.

Franquin : un transistor par la bande

Dans *Les aventures de Spirou et Fantasio* ou les gags de *Gaston Lagaffe,* André Franquin a lui aussi joué en virtuose des possibilités du lettrage pour suggérer le mouvement et le son, faisant de ses albums des entités véritablement « audiovisuelles ». Peu d'auteurs sont parvenus comme lui à faire sentir le bruissement de la ville, entre klaxons, coups de frein et sirènes d'ambulance.

C'est peut-être dans *QRN sur Bretzelburg* (scénario de Greg) qu'il a poussé le plus loin ses jeux sur

Une bande dessinée qui parvient à faire ressentir physiquement le bruit par le seul jeu de son lettrage.

André Franquin, *QRN sur Bretzelburg*.

l'univers sonore puisque le récit tout entier est fondé sur les interférences sonores. Au début de l'histoire, le marsupilami ayant avalé un transistor miniature, il est impossible d'éteindre l'appareil qui diffuse une musique tonitruante et change plusieurs fois de station, au gré des éternuements du malheureux animal. C'est en vain que Fantasio essaie de répondre au téléphone : le vacarme de la radio couvre littéralement ses paroles. La musique se répand de case en case, comme une onde, et les phylactères se recouvrent les uns les autres.

Plus loin dans le même album, un médecin sadique, le Dr Kilikil, torture le héros en faisant crisser, à grand renfort de voyelles, une craie sur un tableau noir ! Ce gag grinçant, développé plusieurs pages durant, témoigne d'une belle confiance dans les possibilités du neuvième art. Avec des séquences comme celles-là, Franquin infligeait un parfait démenti à ceux qui voyaient dans la bande dessinée un média infirme puisque privé du mouvement et du son !

Tardi : écrit sur l'image

La disposition des phylactères et des autres notations écrites dans la case et dans la planche est aussi une manière de moduler le rythme de la lecture. Des bulles qui empiètent l'une sur l'autre font sentir instantanément au lecteur la rapidité des échanges entre les personnages. Un espace vide laisse deviner une hésitation. Une case privée de toute notation écrite, au milieu d'un dialogue fourni, vient souligner un silence.

C'est sans doute une des caractéristiques fondamentales du travail de Jacques Tardi que de s'appuyer sur l'écriture sous toutes ses formes. Les affiches, les enseignes, les graffitis, les titres de livres ou de journaux, les notations manuscrites sont pour lui autant d'éléments capables de retenir le regard, évitant qu'il ne glisse trop rapidement sur une case. Ce jeu permanent sur les différentes sortes d'*inscriptions,* s'il complique singulièrement la tâche des éditeurs étrangers, donne aux récits de Tardi une densité tout à fait caractéristique : tout est à lire dans son dessin.

Dans un album comme *Le der des ders* (adapté d'un roman de Didier Daeninckx), de tels principes sont portés à leur comble. Mettant en scène les souvenirs et les fantasmes du héros, disséminant les indices policiers, le dessinateur ne craint pas de donner à ses cases une étonnante complexité. Mais Tardi maîtrise si habilement les codes de la bande dessinée que le lecteur parvient sans difficulté à le suivre.

Six phylactères disposés avec une grande rigueur à travers une seule case.

Tardi-Daeninckx, *Le der des ders*.

Tout se donne à lire : les différents niveaux de texte comme les détails du dessin.

Tardi-Daeninckx, *Le der des ders*.

Jouant à merveille de la lecture verticale, il parvient à superposer dans certaines de ses vignettes trois ou quatre niveaux narratifs. Ainsi de cette case où son enquêteur, Varlot, se réveille au milieu d'un de ces cauchemars qu'il ne cesse de faire depuis la guerre.

La partie haute constitue une image mentale, souvenir d'un instant atroce et d'une phrase qui l'obsède. Au milieu de la case, juste à côté du visage de Varlot, un simple point d'interrogation marque le désarroi du personnage, perdu entre les horreurs de la nuit et les duretés de la journée qui l'attend. Un peu plus bas, c'est la sonnerie stridente du réveil. Et enfin, le récit en voix off, plus distancié, qui reprend le fil de l'enquête.

Si souplement intégrés que le lecteur ne le remarque pas, il y a en fait dans cette case quatre types de phylactères, aux fonctions très différentes : le premier (« Varlot ! T'es dingue ou quoi ? ») est une bulle « off » comme le soulignent les dentelures ; le deuxième (le point d'interrogation) est une classique bulle « in » ; le troisième (DRRRIIINNNNG) est une onomatopée au lettrage expressif ; le quatrième, sagement encadré, est une sorte de récitatif. Varlot a raison de le dire : il est bel et bien *coincé entre les lignes.*

À *demi-mot...*

Au lieu de considérer le texte comme une quantité négligeable, un ajout de dernier instant, les auteurs de bande dessinée les plus remarquables sont aussi, très souvent, ceux qui ont pris au sérieux les paramètres langagiers. On sait ce que des auteurs comme Herriman et Peyo, Schulz, Watterson et Geluck, des séries comme *Astérix* ou *Achille Talon,* doivent à la qualité de leurs trouvailles verbales.

Jean-Patrick Manchette, le traducteur français de *Watchmen,* avait insisté dans un entretien sur la qualité littéraire des textes d'Alan Moore, mais aussi sur les interactions entre les dialogues et les dessins :

> C'est une langue très recherchée. Moore joue de plusieurs styles, auxquels il a fallu trouver autant d'équivalents ; pour l'histoire des pirates, par exemple, j'ai fait grand usage de l'imparfait du subjonctif afin de respecter sa tonalité propre. De plus, Moore a créé tout un système d'échos entre certains mots qui reviennent à intervalles réguliers, dans des contextes différents. Par exemple, dans le chapitre qui raconte comment Jon est devenu le Dr Manhattan, le mot *hands* est utilisé pour désigner à la fois des mains gelées et les aiguilles désormais figées d'une horloge [1].

Chez Hergé, les marques d'intérêt pour les phénomènes verbaux sont innombrables, des fausses insultes du capitaine aux lapsus et contrepèteries des Dupondt, en passant par les langues imaginaires des Arumbayas et des Syldaves et l'écriture « moustachiste » qui domine la Bordurie de Pleksy-Gladz. Mais, par-delà les trouvailles proprement linguistiques, les innovations les plus étonnantes sont celles qui lancent des ponts entre le verbal et l'iconique.

C'est ainsi que, dans *Le Secret de la Licorne,* c'est en désignant des oiseaux que l'homme du Vieux Marché tente de faire comprendre à Tintin et au capitaine le nom de ses agresseurs. De la main, il désigne quelques moineaux. Il faudra que Tintin arrive à Moulinsart et y trouve une enveloppe pour saisir qu'il s'agissait des frères Loiseau.

---

1. « Questions au traducteur » in *Les Cahiers de la bande dessinée,* n° 79, janvier 1988, p. 21.

Une image qui veut désigner un mot.
Hergé, *Le Secret de la Licorne.*

C'est ainsi également que, dans *Le Temple du Soleil,* un autre volatile vient tirer Haddock d'un mauvais pas. « Au fait, capitaine, qu'est-ce, au juste, que le guano ? », lui demande Dupond. « Le guano ?… Euh… Comment dirais-je ?… », commence Haddock. Mais une mouette passe opportunément et se charge de répondre à sa place. « Le guano ?… Eh bien c'est cela » conclut ironiquement le capitaine [1]. La bande dessinée, c'est cela, serais-je tenté d'ajouter.

C'est ainsi surtout que dans *Les Bijoux de la Castafiore,* des *chaînes* qui traversent tout l'album,

---

1. Pour des développements plus fouillés sur ces questions, on lira le *Hergé écrivain* de Jan Baetens, Éd. Labor, collection « Un livre, une œuvre », 1989. Dans un genre plus ludique, on se délectera de deux ouvrages d'Albert Algoud où ces phénomènes langagiers sont eux aussi à l'avant-plan : *Le Haddock illustré* (Casterman, Bibliothèque de Moulinsart, 1991) et *Le Dupondt sans peine* (Canal + éditions, 1997).

Une définition pratique du mot guano.
Hergé, *Le Temple du Soleil*.

comme les oiseaux et les fleurs, passent autant par le verbal que par le visuel. Tandis que Tintin se demande qui aurait pu pénétrer dans la chambre de la cantatrice, un oiseau perché sur une branche, à l'avant-plan, devrait nous mettre sur la piste. Il est vrai que les principales péripéties de cet album exceptionnel semblent avoir été dictées par le nom de son héroïne – *Blanche Chaste Fleur* – et son fameux « Air des Bijoux »[1].

Les Aventures de Philémon tirent elles aussi du langage bon nombre de leurs trouvailles visuelles, suivant une logique proche de Lewis Carroll et de Raymond Roussel : il ne s'agit cependant pas de

---

1. Pour plus de détails sur cet album, je me permets de renvoyer à mon livre *Les Bijoux ravis, une lecture moderne de Tintin,* Éd. Magic-Strip, 1984 (épuisé).

simples calembours, mais bien de formules prises *au pied de l'image*. Dans *Le Voyage de l'incrédule*, des *souffleurs* de théâtre réussissent à repousser leurs assaillants en provoquant une tempête. Dans *L'Arche du A*, des morses partent soudain envoyer des S.O.S. Et dans *Le Secret de Félicien*, l'autocar de Phébus commence sa tournée… de *ramassage solaire*. Rien d'étonnant à cela puisque Philémon se déplace dans un monde de lettres : celles des mots OCÉAN ATLANTIQUE. Mais on a vu, plus haut dans ce livre, que Fred était loin d'être en reste sur le plan de l'invention plastique.

Dans un tout autre registre, les *Histoires immobiles* de Régis Franc ont elles aussi proposé des jeux excitants et neufs entre le dit et le montré, parvenant peu à peu à faire émerger un récit implicite qui ne se trouve ni dans le texte ni dans l'image, mais bien dans l'entre-deux qu'ils décrivent. Tel est par exemple le cas de la « Lettre à Irina », savoureuse parodie de Tchekhov. L'auteur réussit à y mener de front un grand nombre de pistes narratives. Entre le récit en voix off, le dialogue d'avant-plan, le dialogue d'arrière-plan et les images, s'installe un jeu d'une grande subtilité, permettant au lecteur de goûter un réseau de relations que la littérature seule n'aurait pu lui offrir.

N'en doutons pas : les possibilités en ce domaine sont en nombre presque infinies. Entre un texte et des images, unis graphiquement sur une page, bien des choses restent à inventer.

CHAPITRE 5

L'ÉCRITURE DE L'AUTRE

Les bonheurs de l'auteur complet

De Monsieur Crépin à Madame Laijot

Dans le chapitre sixième de son *Essai de physiognomonie,* Rodolphe Töpffer raconta en détail la naissance de l'un de ses romans en estampes :

> Ce qui nous donna un jour l'idée de faire toute l'histoire d'un Monsieur Crépin, ce fut d'avoir trouvé, d'un bond de plume tout à fait hasardé, la figure ci-contre. Ohé ! nous dîmes-nous, voici décidément un particulier un et indivisible, pas agréable à voir, pas fait non plus pour réussir rien qu'en se montrant, et d'une intelligence plus droite qu'ouverte, mais d'ailleurs assez bon homme, doué de quelque sens et qui serait ferme s'il pouvait être assez confiant dans ses lumières, ou assez libre dans ses démarches. Du reste, père de famille assurément, et je parie que sa femme le contrarie !... Nous essayâmes, et effectivement sa femme le contrariait dans l'éducation de ses onze enfants ; s'éprenant tour à tour de tous les sots instituteurs, de toutes les folles méthodes, de tous les phrénologues de passage. De là une épopée issue bien moins d'une idée préconçue que de ce type trouvé par hasard[1].

---

1. *Essai de physiognomonie,* chapitre sixième, in *Töpffer, L'Invention de la bande dessinée,* Hermann, collection : Savoir sur l'art.

Comprenons-le : il s'agit de bien plus qu'une anecdote plaisante. Ce que Töpffer évoque dans ces quelques lignes, c'est un mode particulier d'imagination, où le récit naît directement du dessin, loin de toute préméditation littéraire :

> Le trait graphique, à cause de sa rapide commodité, de ses riches indications, de ses hasards heureux et imprévus, est admirablement fécondant pour l'invention. L'on pourrait dire qu'à lui tout seul il met à la voile et souffle dans les voiles.

Même si l'exemple de *Mr Crépin* mérite d'être nuancé, ainsi que l'a bien montré Thierry Groensteen[1], ces quelques lignes de l'*Essai de Physiognomonie* gardent pour moi toute leur importance, marquant une véritable prise de parti théorique. Placer le dessin au poste de commande, c'est faire de la bande dessinée l'héritière de la caricature plus que du feuilleton littéraire, c'est affirmer le rôle moteur de l'image narrative, bien au-delà de l'illustration. Le récit töpfferien naît directement de l'enchaînement des images, tout comme certains de ses dessins naquirent des éclaboussures d'encre dont le papier était couvert.

N'allons pas croire non plus que ce processus de création soit l'apanage du seul auteur de *Mr Crépin*. On va le retrouver maintes fois dans l'histoire de la bande dessinée, et notamment dans l'ultime album d'Hergé.

À la page 20 bis des esquisses de *Tintin et l'Alph-Art,* on voit en effet Tintin, désireux de percer le mystère de la mort de l'expert Fourcart, demander à

---

1. Thierry Groensteen, « Naissance d'un art » in *Töpffer, L'Invention de la bande dessinée,* p. 104-110.

C'est du visage de ce « particulier un et indivisible » que serait né tout le récit.
Rodolphe Töpffer : la première page des aventures de *Mr Crépin*.

sa secrétaire si personne d'autre ne travaille dans la galerie. « Il y a là le bureau de Monsieur Sauterne, le comptable », lui indique-t-elle. Sans grande conviction, Tintin s'y rend pour l'interroger.

En trois cases, ce comptable occasionnel va se transformer en femme. Monsieur Sauterne devient Madame Laijot, et cette séquence, qui s'annonçait comme une assez terne scène d'interrogatoire, change complètement de tonalité. D'emblée hystérique, la femme commence à se plaindre : « Il y a vingt-cinq ans que je suis ici, à travailler comme une esclave !... J'ai usé mes yeux au service de cette maison. Et tout ça pour être soupçonnée de je ne sais quoi... »

Le plus remarquable dans cette métamorphose éclair, c'est que c'est l'expression particulièrement bien sentie de ce visage, l'allure acrimonieuse de cette vieille secrétaire énervée, qui fait bifurquer la séquence. Ce n'est pas du tout l'idée d'une telle scène qui a conduit Hergé à esquisser ce visage, c'est le mouvement même de l'invention graphique qui lui a permis de découvrir ce personnage. Nous avons là un exemple parfait de ces gags « nés des accidents du crayon » qu'évoquait le dessinateur dans une interview ancienne[1].

---

1. « Tintin chez les hommes » in *L'Escholier,* 1952 ; texte repris dans *Les Amis d'Hergé n° 2,* 1985. Ces réflexions sont largement redevables au travail théorique de Thierry Smolderen et notamment à l'article « Bande dessinée, feuilleton et cerveau droit » paru dans *Les Cahiers de la bande dessinée* n° 70 (Glénat, juillet-août 1986) et à la communication « Le stéréoréalisme » reprise dans le volume *Bande dessinée, récit et modernité* (Futuropolis, 1988). Sans forcément partager l'interprétation scientifique que Smolderen donne de ses recherches, je reconnais le caractère hautement stimulant de bon nombre de ses hypothèses.

Le plus fort, c'est que les choses n'en restent pas là. Car cette trouvaille se trouve réinvestie, au stade du crayonné, dans la troisième planche de l'histoire. À la dernière case du troisième strip, on aperçoit en effet la même femme, tenant à la main un livre dont le titre aurait sans doute été *Je fus esclave* ou *Le Roman d'une esclave*. L'amont du récit s'est trouvé modifié par l'aval.

Les messages du pinceau

Je ne crois pas forcer la dose en voyant dans des événements comme ceux-là l'un des principaux bonheurs que le dessinateur-écrivain (ou le *dessinarrateur*, comme Philippe Goddin propose de le nommer) peut rencontrer dans son travail. Il suffit d'observer les crayonnés d'Hergé ou de lire ses carnets de notes de la fin des années trente pour voir comment la lettre peut se faire image et comment de l'écrit, sans cesse, vient se glisser dans le dessin :

> Je jette les idées à la suite telles qu'elles me viennent. J'accumule les gags, les trouvailles au fur et à mesure qu'ils naissent dans mon esprit. Tout cela est noté directement en dessin, pensé en dessin et très souvent remanié jusqu'au résultat qui me semble le meilleur[1].

Lorsque par exemple, dans un petit carnet de notes des années trente intitulé *Éléments Tintin,* Hergé se met en quête de nouveaux gags mettant aux prises Milou et les os, il mêle indissociablement le verbal et le visuel, suivant le thème aussi bien à travers la réalité que dans le monde de la représentation. « Où y a-

---

1. Interview radiophonique du 3 mars 1942. Reprise dans *Les Amis d'Hergé* n° 6, décembre 1987.

t-il encore des os ? » se demande-t-il, avant de laisser sa main courir d'une idée à l'autre, entraînée par le jeu des analogies.

En quelques croquis rapides, quelques bouts de phrases, il passe d'un os de dinosaure à un squelette et d'un drapeau de pirates à des poubelles, en passant par un panneau « haute tension », avant de finir sur l'idée surprenante des rayons X. À partir d'un thème somme toute assez mince, il vient de trouver l'un des meilleurs gags du *Sceptre d'Ottokar,* le début du *Crabe aux pinces d'or* et une formidable séquence d'*Objectif Lune* [1].

C'est en des termes assez comparables que Mœbius a évoqué la genèse de son récit *Sur l'Étoile,* suscité par une commande de la firme Citroën :

> Au début, je voulais que *Sur l'Étoile* soit dessiné par deux de mes amis. J'aurais réalisé des crayons poussés et ils auraient encré. Mais un jour où j'étais avec eux dans leur atelier pour parler du projet, j'ai commencé à réaliser quelques croquis, et là, quelque chose d'étrange s'est produit : l'histoire est venue d'elle-même. Page après page, elle s'est mise à croître toute seule : dix, vingt, trente, quarante planches ! […]
>
> J'ai tout de suite vu l'image avec les chevrons Citroën. Il fallait que je trouve l'histoire qui y mène. Il était évident pour moi que ces deux chevrons étaient comme des vaisseaux. Et le thème est venu naturellement. Les images se sont succédé les unes aux autres

---

1. *Projet, croquis, histoires interrompues,* tome 6 de la collection *L'Univers d'Hergé*, Rombaldi, 1988, p. 30-31. Je cite et commente plus longuement ces carnets dans *Hergé, fils de Tintin* (Flammarion, « Grandes biographies », 2002). On trouvera des exemples un peu différents dans le livre de Philippe Goddin, *Hergé et les Bigotudos,* Casterman, « Bibliothèque de Moulinsart », 1990.

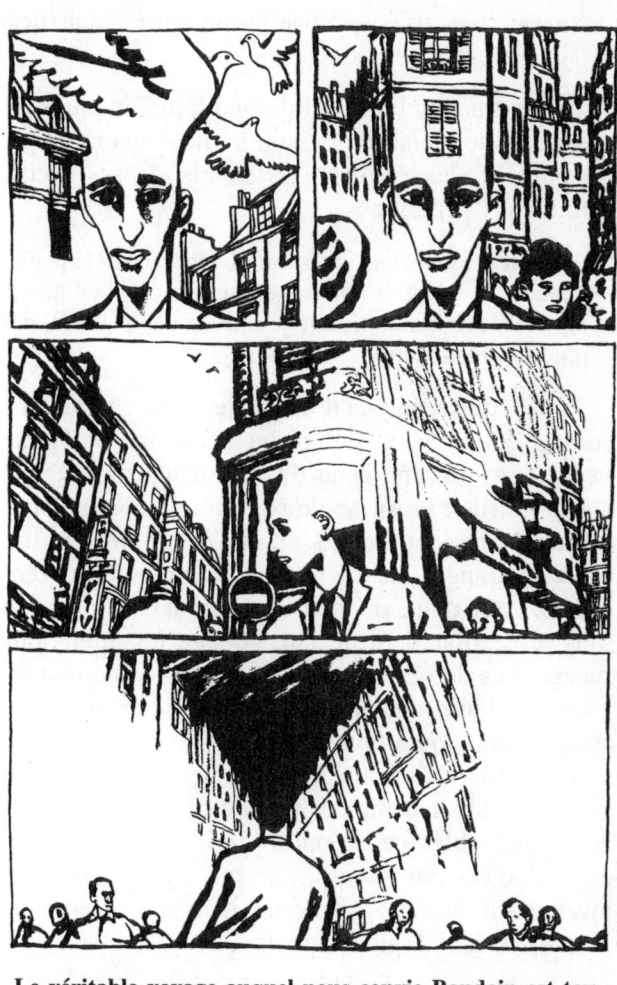

Le véritable voyage auquel nous convie Baudoin est toujours celui du dessin...

Edmond Baudoin, *Le Voyage*.

comme si je visionnais une histoire que j'avais déjà faite[1].

Un dessinateur comme Edmond Baudoin puise lui aussi dans le plaisir du dessin, le mouvement risqué du pinceau, les éléments essentiels de ses récits. Comme il l'explique :

> Les traits noirs que dessine mon pinceau sur le papier blanc m'envoient des messages auxquels ils faut que je réponde, des questions que je n'avais pas prévues, des réponses inattendues[2].

Jamais un scénariste n'aurait, je crois, eu une idée comme celle qui est à l'origine d'un album comme *Le Voyage* : les sentiments du personnage modifient à chaque instant la forme de son visage, comme si le contexte ambiant ne cessait de déteindre sur lui. « C'est étrange, lui dit une des femmes qu'il rencontre, votre crâne donne l'impression d'être ouvert, sans protection. » Et de fait, ce sont les altérations successives de ses traits qui entraînent le héros toujours plus loin, en une errance poétique qu'aucun autre média n'aurait pu traduire...

Telle est sans doute l'irremplaçable chance du véritable auteur complet : au lieu d'illustrer un scénario préalable (ce scénario fût-il le sien propre, comme c'est par exemple le cas chez Jacobs), il invente sur la page même un récit qui, d'emblée, prend la forme d'une bande dessinée.

---

1. Mœbius, *Sur l'Étoile,* Casterman, 1990, p. 81.
2. Edmond Baudoin, « Naissance d'une BD » in *Europe* n° 720, avril 1989. Propos cités par Pascal Lefèvre dans son article « Pour une approche sensuelle de la bande dessinée » in *9e Art,* n° 2, Angoulême, 1997.

Cette instantanéité des échanges entre le visuel et le verbal, cette façon de mettre en jeu la matière même du dessin dans l'invention d'une histoire, cette aptitude à régler un problème narratif par une astuce graphique, une difficulté de dessin par une trouvaille littéraire, il semble bien qu'elles constituent, pour bon nombre de praticiens travaillant en collaboration, l'image même du paradis perdu. De Töpffer à Trondheim, en passant par McCay, Herriman et Fred, le corps à corps avec le média a toujours été le fait des auteurs dits complets, comme si eux seuls parvenaient à tirer tout le parti possible de cette étrange pratique composite que l'on nomme bande dessinée[1].

Une bonne histoire, une bonne histoire, une bonne histoire…

Une tout autre tradition, héritée du cinéma et de la littérature populaire, affirme la primauté du récit dans la réussite d'une bande dessinée. Cette tendance est incarnée avec talent par des scénaristes comme Charlier, Greg et Goscinny hier, ou Jean Van Hamme aujourd'hui. Tous ont travaillé avec un grand nombre de dessinateurs, tendanciellement interchangeables (plusieurs de ces séries ayant du reste connu des changements d'illustrateur). Rien n'interdit a priori

---

1. Un exemple particulièrement radical d'engendrement d'une fiction à partir du dessin est offert par le roman visuel de Martin Vaughn-James, *La Cage*. Pour plus de détails à ce propos, je renvoie à l'article de Martin Vaughn-James « Le non-scénario de *La Cage* » (in *Autour du scénario,* Revue de l'Université de Bruxelles, 1986, 1-2, pp. 235-239) et au livre de Thierry Groensteen *La Construction de* La Cage, Les Impressions Nouvelles, 2002.

d'imaginer Tabary dessinant *Astérix* et Uderzo, *Iznogoud*. Rien n'empêcherait William Vance de faire vivre *Largo Winch* ou Philippe Francq de reprendre *XIII*.

Un album de qualité, dans une optique comme celle-là, ce serait avant tout une bonne histoire, c'est-à-dire un substrat à peu près indépendant du média dans lequel il va se couler, une intrigue si forte, si solide, qu'elle pourrait résister aux transpositions les plus diverses. Un tel principe, on le devine, conduit insensiblement à une sorte d'instrumentalisation du dessin. Le récit est achevé ; il ne reste qu'à l'exécuter, en rejetant avec soin tout ce qui pourrait le faire dévier de son cours.

L'expression si fréquente de *scénario en béton* dit à quel point il s'agit de canaliser la narration, de prévenir toute échappée. Comme s'il n'était rien de plus désirable, pour une œuvre d'imagination, que la froideur et la rugosité du béton. Comme s'il s'agissait d'édifier, contre on ne sait quel ennemi, un inattaquable bunker. Comme si le dessinateur était une sorte de cheval fou qu'il fallait, à chaque instant, empêcher de faire des écarts.

Étant moins absorbé dans la concrétude du travail, le scénariste serait préservé de cette myopie qui finit par affecter le dessinateur et le fait retomber dans ses dadas. Tel était, en tout cas, le point de vue de Jean-Michel Charlier :

> Un dessinateur qui dessine sa propre histoire aura toujours tendance à s'attarder complaisamment sur les scènes qu'il aime dessiner et à escamoter celles sur lesquelles il se sent moins à l'aise. Jijé, par exemple, adorait dessiner les chevaux : lorsqu'il tombait sur une scène de chevaux, il en aurait fait dix pages, en délayant s'il le fallait ; et puis, comme son histoire n'avait pas

avancé pendant ce temps-là, il s'efforçait de rattraper le retard tant bien que mal, au détriment du récit. (…) Le scénariste n'a pas ce problème ; il a même probablement dans le découpage une rigueur que n'aurait pas le dessinateur s'il intervenait[1].

Il faut l'ajouter : si ce découpage est rigoureux, il est souvent assez standardisé, les choix de cadrages ou de mise en pages ne s'écartant qu'assez peu d'une norme fondée sur le bon sens et sur la tradition. « Généralement, disait lui-même Charlier, les indications vont de soi. Vous ne pouvez pas demander à un dessinateur de glisser cent personnages dans une case grande comme un timbre-poste, et puis d'en placer un seul dans une case énorme. »

Le travail du deuil ou la spécificité retrouvée

La spécificité se serait-elle irrémédiablement perdue dans l'entre-deux de la collaboration ? Scénaristes et dessinateurs seraient-ils condamnés à errer à la recherche d'une essence de la bande dessinée désormais introuvable ?

Non, sans doute cette fatalité n'est-elle pas absolue. Mais, à ceux que cette question préoccupe, un long et complexe travail compensatoire sera nécessaire pour éviter cet écueil, le plus grave peut-être : l'insidieux éclatement d'un média dont ne serait plus offert qu'un ersatz, une simulation plus ou moins réussie.

Le dispositif de base de la collaboration est simple et bien connu : lorsque deux individus travaillent ensemble à la réalisation d'une bande dessinée, le

---

1. « Entretien avec Jean-Michel Charlier » in *Autour du scénario,* p. 65.

premier – le scénariste – conçoit et raconte une histoire, cependant que le second – le dessinateur – la traduit ensuite en images. Les choses, pourtant, peuvent fonctionner un peu différemment : si deux personnes cherchent à se rapprocher de l'heureux état d'auteur complet, de nombreuses procédures, mettant à mal la traditionnelle division des tâches, peuvent probablement les y aider.

Je n'en évoquerai que quatre. À chacun, au gré des circonstances et des besoins, d'en inventer de nouvelles.

Le dessinateur comme scénariste

La première, pour le dire vite, vise à faire du dessinateur une façon de scénariste. Puisque après tout ce sont des images qu'il va s'agir de produire, pourquoi ne pas associer le dessinateur, d'emblée, au projet de narration ? Pourquoi ne pas choisir ensemble un thème ou une situation qui soit porteur sur le terrain graphique plutôt qu'une intrigue simplement bien construite qu'il s'agirait ensuite d'adapter ?

Beaucoup de dessinateurs talentueux ne conçoivent plus de travailler autrement et se veulent véritables coauteurs. Christin et Mézières, ainsi, mettent au point ensemble la trame de chaque *Valérian,* les désirs plastiques du dessinateur n'étant pas pour rien dans la direction que prend le récit et dans le rythme du découpage. Alan Moore, de même, a évoqué en détail, dans la postface à *V pour Vendetta,* la manière dont cette histoire s'était construite, dans un jeu incessant d'échanges avec David Lloyd[1]. Et Jean-Claude Forest

---

1. « Behind the painted smile » in *V for Vendetta,* DC Comics, 1990, pp. 267-276.

a fréquemment souligné la manière dont la personnalité du dessinateur intervenait dans la mise au point de chaque projet :

> Chez Gillon, par exemple, j'ai très vite découvert des résistances inconscientes, des goûts, des préférences, notamment dans le fait qu'il gonflait l'importance accordée à certains personnages. C'eût été un peu stupide de ne pas en profiter, alors que, par des astuces de scénario, on peut toujours accorder un rôle principal à un personnage qui n'était que secondaire au départ. En revanche, il m'est arrivé de devoir lui imposer des personnages, un peu malgré lui. Il craignait par exemple de ne pas pouvoir accrocher la tête du tapir sur les épaules d'un être humain. Il a pourtant si bien réussi son coup qu'il a fini par y prendre goût et qu'il a continué à s'en servir ! Il y a donc, de la part du scénariste à l'égard du dessinateur, une attitude faite à la fois de viol et de séduction, une attitude en tout cas qui prend en compte ses résistances [1].

Dans mon propre cas, j'ai toujours envisagé le sujet et la méthode de manière totalement différente en fonction des envies et des atouts de chacun des collaborateurs avec lesquels il m'a été donné de travailler. J'ai raconté, dans la postface des *Murailles de Samaris,* la manière dont s'étaient peu à peu imposés un sujet et un univers qui conviennent autant à François Schuiten qu'à moi-même. Et dans la préface à l'album *Demi-tour,* nous avons évoqué, avec Frédéric Boilet, la technique de reportage-fiction que nous avons utilisée pour les trois albums que nous avons cosignés.

Cette découverte d'un territoire véritablement commun est loin d'être instantanée, d'où le privilège

---

1. « Entretien avec Jacques Lob et Jean-Claude Forest » in *Autour du scénario,* op. cit., p. 106.

que j'accorde aux collaborations longues. Il ne s'agit pas seulement de choisir une idée visuelle, mais bien un projet conçu pour un style graphique, un rythme narratif, un ton, une personnalité ; un projet développé avec celui qui va le mettre en œuvre. S'appuyant fortement sur la vidéo, le dessin de Boilet n'a que peu de rapport avec les perspectives fantastiques de Schuiten ou la ligne claire de Goffin. Les contraintes imposées par la photographie, dans le cas des albums réalisés avec Marie-Françoise Plissart, sont plus radicales encore. Écrire pour la bande dessinée, c'est aussi mettre en fiction un style particulier de dessin, et par conséquent une démarche.

Le scénariste comme dessinateur

La deuxième procédure cherche à transformer le scénariste en une sorte de dessinateur. Et l'on peut noter, parallèlement à l'implication de bon nombre de dessinateurs dans le scénario, que plusieurs scénaristes actuels sont passionnés par les questions visuelles.

Le scénariste peut d'abord, même sommairement, esquisser sur le papier quelques suggestions de cadrage ou de mise en pages. Mais pourquoi n'interviendrait-il pas dans la recherche des documents ou dans la réalisation d'éventuels repérages ? Pourquoi ne prendrait-il pas la pose pour faire comprendre une attitude ou un geste ? C'est en les mimant que Jodorowsky racontait à Mœbius le cycle de *L'Incal.* Pour l'album *Dolorès* dessiné par Anne Baltus, ainsi que pour *L'Ombre d'un homme,* l'un des volumes des *Cités obscures*, j'ai quant à moi « joué » les attitudes du personnage principal : touche par touche, geste par geste, cela m'a sans doute permis de colorer l'histoire de façon plus fondamentale que je n'aurais pu le faire par d'interminables indications descriptives.

À travers de telles interventions s'accroît peu à peu chez le scénariste la conscience de l'immense travail de mise en scène que représente une bande dessinée. Ainsi se trouve en partie conjuré le risque de développer un récit fondamentalement littéraire où l'image ne serait qu'ornementale.

La fréquence des échanges

Si simple soit-il, le troisième principe est des plus efficaces : il s'agit d'augmenter la fréquence des échanges entre scénariste et dessinateur. Au lieu de faire se succéder, comme au cinéma, une phase autonome de scénario et un temps de réalisation, on peut en effet profiter de la souplesse de la bande dessinée pour avancer graduellement. Jacques Lob expliquait fort bien les avantages d'un tel fonctionnement :

> Certains scénaristes donnent à leurs dessinateurs un produit entièrement fini. Ce n'est pas mon cas, puisque je construis l'histoire au fur et à mesure que le dessin progresse. Le fait, pour *Le Transperceneige,* de voir avancer le dessin de Rochette, avec qui je travaillais pour la première fois, m'a fortement influencé. Sa manière de restituer les ambiances, de dessiner les personnages, influait sur le cours de l'histoire que je continuais à écrire[1].

N'écrire un chapitre qu'après que le précédent a été dessiné permet de tenir compte de ce qui a été effectivement réalisé et donc de tirer parti de tous les éléments modifiés ou ajoutés. Intervenir sur une

---

1. *Autour du scénario,* op. cit., p. 107.

```
LE TRANSPERCENEIGE

Chapitre I :  LE GHETTO ROULANT

PAGE UNE ─────────────────────────────────── 4 Images

IMAGE N° 1
(Assez grande image occupant presque la moitié de la page. Vue sur
un vaste paysage morne et désolé, recouvert de neige. Au sein de ce
paysage, on voit venir un train, le Transperceneige, avec en tête
la "locolocotrice" qui traîne derrière elle son interminable convoi
dont on ne voit pas la fin. L'aspect de la loco évoque une puissante
machine à vapeur aux lignes futuristes -Voir par exemple aux pages
127, ou bien 142, ou même 49, dans le bouquin "LE MONDE FASCINANT DES
TRAINS". Mais, ne fonctionnant ni à la vapeur, ni sur le courant
électrique, on ne voit sur elle aucune caténaire, et elle ne dégage
pas de fumée. Par contre, deux larges faisceaux (laser ?) partent de
l'avant de la machine, frayant la voie et désintégrant la croûte
neigeuse et la glace sur son passage. Les wagons que l'on aperçoit
faisant suite à la loco sont de luxueuses voitures. Plus loin, et
jusqu'à perte de vue, on distingue d'autres wagons de modèles diffé-
rents. Les textes narratifs en vers qui figurent dans cette page
doivent être mis en italique.)

TEXTE    :    Parcourant la blanche immensité
              D'un hiver éternel et glacé,
              D'un bout à l'autre de la planète
              Roule un train qui jamais ne s'arrête.

IMAGE N° 2
(Image en bandeau, peut-être. Vue panoramique sur des wagons qui
défilent, tandis que tombent des flocons de neige. Ce sont des wagons
de modèles divers, dans la section des secondes.)

TEXTE    :    C'est le Transperceneige aux mille et un wagons

IMAGE N° 3
(Image plus particulièrement axée -vue plus rapprochée- sur un wagon
de seconde, le dernier avant les wagons de queue -wagons de marchandi-
ses et wagons à bestiaux- On peut distinguer deux ou trois silhouettes
gesticulant par l'une des fenêtres donnant sur le couloir faiblement
éclairé -car il fait nuit. Des voix proviennent de ces silhouettes.)

TEXTE    :    C'est le dernier bastion
              D'la civilisation !
VOIX     :  - FUMIER D'QUEUTARD! J'M'EN VAIS T'PETER LA GUEULE, MOI !!
            : - OUCH...

IMAGE N° 4
(L'intérieur du wagon, dans le couloir. Où l'on voit qu'il s'agit d'un
soldat qui tabasse à coups de bottes et de crosse de fusil un homme
enfoncé dans une sorte d'anorak. L'homme est déjà passablement sonné,
à demi affaissé. Un second militaire tente de calmer son collègue.)

Ier SOLDAT, à l'adresse du civil : - J'te jure que tu vas regretter
              d'avoir quitté ton wagon pourri!
AUTRE SOLDAT:  - Eh! Ho! Doucement ▬▬▬▬ Vaut mieux pas trop
              l'esquinter tant qu'le chef l'a pas vu!
```

Par les indications de mise en pages, les suggestions de documents, le scénariste entre véritablement dans la matière de la bande dessinée.

Jacques Lob, découpage et dialogue pour la page 1 du *Transperceneige*.

Quelle que soit sa précision, un scénario se transforme au moment de sa réalisation.

Jean-Marc Rochette, *Le Transperceneige,* page 1.

planche après le premier crayonné, puis après l'encrage, voire au moment de la mise en couleur, autorise bien des réajustements : une phrase qui semblait nécessaire dans le découpage écrit peut s'avérer inutile au vu d'une image particulièrement lisible ; d'autres fois, par contre, on s'aperçoit que quelques mots, ou un simple point d'interrogation, viendraient à point nommé accentuer une case discrète sur laquelle l'œil risquerait de glisser. Mais ces affinements sont loin de ne concerner que les rapports du texte et de l'image : il peut aussi s'agir de supprimer une vignette, de diviser en deux une action conçue en une image, de rectifier un geste, corriger un cadrage, prolonger une trouvaille.

Aussi précis qu'il se veuille, le scénario n'a prévu qu'une minime partie des éléments que le dessin va mettre en place, des éléments qui, si l'on n'y prend garde, modifieront profondément la tournure du récit : une variation de point de vue peut rendre incompréhensible une action ou casser un effet ultérieur, cependant qu'un détail ajouté par le dessinateur de manière purement ornementale peut, s'il est pris en compte à temps, amener l'idée d'une nouvelle scène. L'échelle des plans, l'épaisseur des traits, le choix des couleurs : rien de tout cela n'est étranger à l'impression que produit une histoire. D'incessants allers-retours entre scénariste et dessinateur permettent seuls de mesurer ce qui se trouve réellement raconté par la bande.

Cette dynamique de la collaboration – qui voit une sorte de « troisième homme » apparaître progressivement, s'imposer de plus en plus en plus, et donner naissance à des œuvres qu'aucune des parties n'aurait cru pouvoir faire – est excellemment décrite par Alan Moore dans la postface à *V pour Vendetta* :

Il y avait des éléments qui naissaient de la combinaison de mes mots et des images de David et qu'aucun de nous ne se souvenait d'avoir introduit dans l'histoire. Il y avait des résonances frappantes qui semblaient tendre vers des solutions plus ambitieuses que celles que l'un et l'autre nous étions prêts à accepter en matière de bande dessinée [1].

L'initiative aux images

Enfin, et ce sera la dernière procédure que j'évoquerai, il ne me paraît pas mauvais que se trouve renversé, de temps à autre, l'ordre d'intervention des deux collaborateurs. De même qu'au tennis l'initiative du service revient à tour de rôle à chacun des joueurs, il n'est pas sans intérêt, en bande dessinée, que ce soit parfois l'image qui précède l'écriture.

Soit que, pour une séquence d'un album, scénariste et dessinateur conçoivent ensemble un découpage graphique avant que ne soient rédigés les dialogues – ces dialogues qui souvent déterminent beaucoup plus qu'on ne le croit le rythme et l'allure de la scène.

Soit que, pour des volumes qui sortent alors forcément du cadre strict de la bande dessinée – comme *Los Angeles* et *Cœurs sanglants* de Christin et Bilal ou *L'Archiviste* et *La Route d'Armilia* que j'ai réalisés avec Schuiten – la plupart des images préexistent à un texte qui n'est en somme que leur conséquence.

Si timides que soient encore ces premières expériences, il me semble clair que des initiatives de cet ordre pourraient conduire à un nouveau type de rela-

---

1. « Behind the painted smile » in *V for Vendetta,* p. 274. C'est moi qui traduis.

tions entre un texte et des dessins, donnant naissance à un genre distinct de la bande dessinée comme du récit illustré. Il est en tout cas indubitable que cette procédure offre à une collaboration bien rôdée, trop rôdée parfois, une chance concrète de se renouveler.

Un horizon inaccessible

Paradoxalement pourtant, ces diverses procédures, loin de régler le problème de la spécificité, ne font, à bien des égards, que l'accentuer. Car le scénariste qui se préoccupait seulement de raconter une bonne histoire, le dessinateur qui ne désirait rien d'autre que d'aligner de belles images pouvaient vivre la collaboration d'une manière des plus sereines. Mais pour ceux qui, par-delà l'invention de l'intrigue et l'écriture des dialogues, ont l'ambition de toucher au noyau dur de la bande dessinée, le problème devient sans cesse plus difficile, comme si, à mesure qu'il s'approchait de l'essentiel, le scénariste mesurait mieux tout ce qui l'en sépare.

Jusqu'où faut-il aller, en effet, dans la prévision d'une image ? Peut-on se satisfaire d'une indication de mise en pages, d'une simple suggestion de cadrage ? Ne conviendrait-il pas d'envisager les positions de tous les personnages, de dénombrer les accessoires, de détailler les particularités du décor ? Et la couleur, si fondamentale dans la perception d'une histoire, peut-on admettre qu'elle ne soit pas prévue dans le projet ?

Mais, d'un autre côté, n'est-il pas clair que toute description d'une image, si méthodique soit-elle, sera toujours insuffisante. Et n'y a-t-il pas quelque paradoxe, pour le scénariste, à se vouloir le champion de la spécificité d'un média qu'il est loin de mettre en œuvre jusqu'au bout ? Plus grave encore, ne menace-t-il pas d'écraser, sous des indications excessives et inadéquates, ces images qu'il s'efforce précisément de faire naître, condamnant le dessin à n'être plus qu'un laborieux *studium* exempt du moindre *punctum*[1] ? Ne risque-t-il pas d'étouffer dans une logique linéaire, qui est celle de l'énonciation, l'une des plus riches possibilités de la bande dessinée : un processus de constante métamorphose, bourgeonnant en tous sens à travers la planche ?

Un constat presque évident permettra peut-être de sortir de cette impasse : dans l'élaboration d'une bande dessinée, les deux partenaires ne sont pas sur un pied d'égalité. Sauf exception rarissime, l'implication physique du dessinateur est beaucoup plus importante. Jour après jour pendant un an, quelquefois pendant deux ans ou davantage, il se trouve immergé presque continûment dans l'univers de la bande. De ce fait indubitable, deux conclusions antagonistes peuvent être tirées.

Selon certains – dont Jean-Michel Charlier, on l'a vu plus haut –, cette implication de chaque instant dans le travail ne pourrait conduire le dessinateur qu'à une sorte d'aveuglement, conséquence de son manque de recul vis-à-vis du projet.

Selon d'autres – parmi lesquels je serais tenté de me ranger –, le scénariste doit avant tout prendre appui sur le dessin de son collaborateur, y compris et peut-être avant tout sur des aspects encore latents de ce graphisme. Analyste, dans tous les sens du terme,

---

1. J'emprunte ces deux notions au livre de Roland Barthes *La Chambre claire, note sur la photographie,* Seuil/Gallimard, 1980.

Comment favoriser la naissance d'une image...
Schuiten-Peeters, *La Tour*.

du travail du dessinateur, son rôle serait en somme de tirer d'un style et de la conception de l'espace qu'il implique les premiers matériaux de ses constructions narratives.

De plus en plus, il me semble que le bon scénario de bande dessinée est moins celui qui approche d'un en-soi de la perfection narrative du reste bien difficile à définir que celui qui propose une puissante *machine à dessiner*. Par-delà indications et précisions – statutairement toujours insuffisantes – la première tâche du scénariste serait donc ce que l'on pourrait nommer l'écriture de l'Autre, c'est-à-dire la mise en place des conditions favorisant l'émergence de ces objets mystérieux et fragiles : des images.

Irréductibles images

Un ultime détour me paraît ici inévitable pour approcher d'un peu plus près cette trop vague notion d'image, et singulièrement d'image narrative.

Ou bien on définit l'image comme la mise en œuvre plastique d'un certain nombre d'intentions : elle remplit un programme. Ou bien – et de plus en plus c'est dans cette seconde direction que je penche – on la considère comme un irréductible événement visuel, intégrant en une texture cohérente les éléments qui la composent.

En ce sens, je dirais qu'il y a beaucoup de pseudo-images qui sont la traduction d'une intention non visuelle en phénomène visuel. *Images-signes* dont la forme la plus radicale serait sans doute le rébus, pure intention langagière déguisée en dessin. *Images-prétextes* que la télévision diffuse à haute dose, simple nappe visuelle soutenant mollement un propos qui pourrait se passer d'elles.

L'image irréductible, à l'inverse, serait celle dont la force plastique est d'une telle évidence qu'on ne pourrait la concevoir sous une autre forme. C'est une image qui résiste, une image qui se tient : loin de s'additionner les uns aux autres, les éléments entrent soudain en synergie.

Il va de soi que, dans une bande dessinée, cette irréductibilité n'est pas forcément celle de la case. Elle peut très bien fonctionner à l'échelle d'un strip, d'une séquence ou d'une page : ce *supplément fondateur* qui permet à l'image d'advenir peut tout autant exister de façon interne que dans les relations qui unissent les vignettes. Il est clair par exemple que dans un album comme *Carpet's Bazaar* de Mutterer et Van, le dessin participe pleinement de l'image, malgré ses maladresses, en raison de la puissance du réseau qu'il met en place entre les cases.

Je peux maintenant tenter d'en revenir à ma question initiale : qu'écrit-on au juste d'une image ? Comment peut-on favoriser son surgissement ? Qu'est-ce – si l'on prend le mot au pied de la lettre – qu'est-ce enfin qu'*imaginer* ?

Le problème, on commence à l'entrevoir, n'est pas d'opposer la spontanéité à la contrainte et de sombrer dans l'illusion libérale du laisser-faire, forme insidieuse du désinvestissement scénaristique, mais bien de se demander quelles sont les indications qui vont permettre à l'image de s'épanouir.

Je crains que ma réponse ne déçoive les amateurs de recettes. Car ce qui me frappe de plus en plus, c'est le caractère non maîtrisable de l'émergence d'une image. Si interventionniste soit-il, si soucieux de spécificité qu'il se veuille, le scénariste se doit de conserver vis-à-vis du dessin une certaine forme de

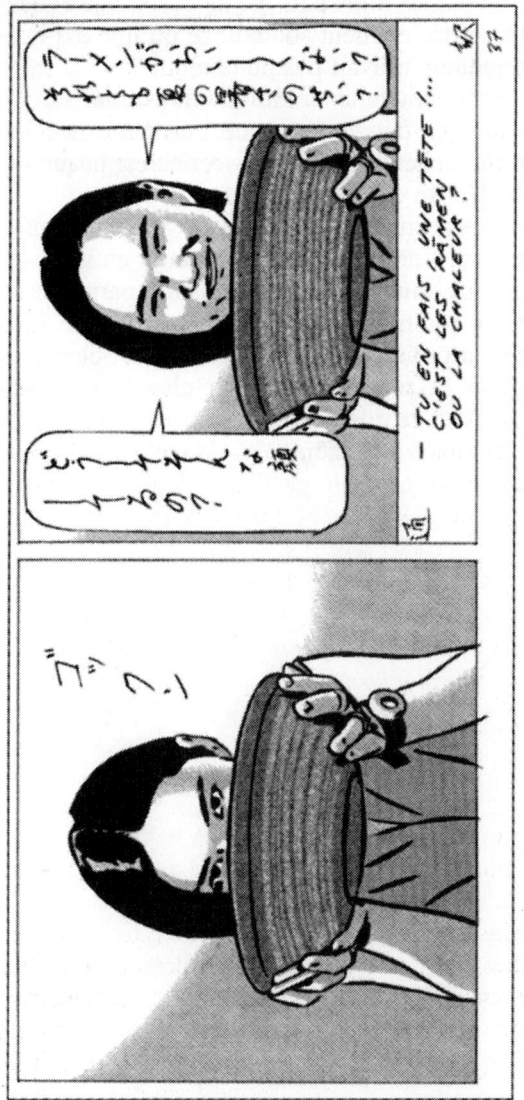

Pour le scénariste, il s'agit moins de tout décrire que de susciter le désir du dessinateur.
Boilet-Peeters, *Tokyo est mon jardin*.

retenue. Quelques mots parfois, un geste, une évocation oblique déclenchent soudain ce qu'une explication méthodique n'avait pas pu obtenir.

D'où cette nouvelle définition du scénariste : il serait celui qui fait voir ce que lui-même ne peut montrer. Sa tâche essentielle et secrète est beaucoup moins de décrire que de faire naître le désir.

Ma propre attitude, je la résumerai d'une formule : tout concevoir, ne rien pré-voir. Quand enfin je les aperçois, les images qu'il m'avait paru écrire m'étonnent comme des inconnues : à chaque fois, elles me surprennent. Je n'attends peut-être rien d'autre que la réitération de ce choc : découvrir comme du neuf ce que l'on croyait connaître, trouver en lieu et place du même le visage singulier de l'Autre.

INDEX DES AUTEURS CITÉS

A

ANDRÉAS (Andreas Martens, dit) 9, **21,** 22, 33
AUSTER Paul 55
AVRIL François **129-131**

B

BALTUS Anne 168
BARU (Hervé Baruela, dit) 9, 93
BAUDOIN Edmond 29, 93, **161-163**
BERBERIAN Charles 28
BILAL Enki 141, 173
BOILET Frédéric 55, 80, 93, 167-168, **177**
BRECCIA Alberto 9, **33-34**
BRETÉCHER Claire 51, 54, 55

C

CANIFF Milton **46**
CHAM (Amédée de Noé, dit) 7, **84-85,** 113
CHARLIER Jean-Michel **52,** 54, **163-165,** 175
CHRISTIN Pierre 141, 166, 173
CHRISTOPHE (Georges Colomb, dit) **26-27, 114-116,** 118
COPI (Taborda Raul Damonte, dit) 55

D

DAENINCKX Didier 147-149
DIRKS Rudolf 118
DRUILLET Philippe 51, 59 61
DUPUY Philippe 28

E

EISNER Will 14, **66-67, 144-145**

F

FEIFFER Jules 54
FEININGER Lyonel 29
FOREST Jean-Claude 8, **23-24,** 134, 166
FOSTER Harold **123-125**
FRANC Régis **43,** 51, 52, **74-77, 154**
FRANCQ Philippe 164
FRANQUIN André 53, **145-146**
FRED (Othon Aristides, dit) 10, **71-73, 94-96, 154,** 163

G

GELUCK Philippe 150
GIBBONS Dave 8, 33, 55, **79-80,** 81, **104,** 141
GILLON Paul 167
GOFFIN Alain 28, 168
GOTLIB Marcel 28, 37
GOSCINNY René 78, 115, 150, 163
GRANDVILLE Jean-Jacques **110-113**
GREG Michel **145-146,** 150, 163

H

HERGÉ (Georges Remi, dit)12, 18, 22, 28, 29, **39-44,** 51, 52, **62-65,** 68, **86-89,** 94, 108, **118-123,** 125, 141, **151-153, 158-160**
HERRIMAN George 9, 53, 150, 163
HOGARTH Burne **58-61,** 125
HOJO Tsukasa **92-93**
HUBINON Victor 51-54

J

JACOBS Edgar P. **30-31,** 51, 52, **58-60,** 117, **125-127,** 162
JIJÉ (Joseph Gillain, dit) 164
JODOROWSKY Alejandro 168

L

LOB Jacques 167, **169-170**
LLOYD David 166, **173**
LOUSTAL Jacques de **133-136**

M

MATHIEU Marc-Antoine 40
MATTOTTI Lorenzo 28
MAZUCHELLI David 55
MENU Jean-Christophe 82, **137-138**
MÉZIÈRES Jean-Claude 166
McCAY Winsor 9, **36-37,** 43, 51, 52, **68-70,** 97, **116-117,** 118, 163
McCLOUD Scott **14, 15**
McMANUS Geo 118
MŒBIUS (Jean Giraud, dit) 9, 29, **128-129, 160,** 162, 168
MOORE Alan 9, 33 ,55, **79-80,** 81, **104,** 141, **151,** 166, **172-173**
MUTTERER François 33, 179

N

NADAR (Félix Tournachon, dit) 115

O

OBERLÄNDER Adolf 128
OTOMO Katsuhirô 80, 90
OUTCAULT Richard 97, 116

P

PARINGAUX Philippe **133-136**
PETIT-ROULET Philippe **129-131**
PEYO (Pierre Culliford, dit) 150
PLISSART Marie-Françoise 20, **132,** 168
PRATT Hugo 9, 53, **55-57,** 107

R

RAYMOND Alex 125, 134
ROCHETTE Jean-Marc 29, **169-171**

S

SAINT-OGAN Alain 118, 120
SCHUITEN François 28, 65, **100-104,** 132, 141, 143, 167-168, 173, **176**
SCHUITEN Luc **100-104**
SCHULZ Charles M. 54, 55, 150
SFAR Joan 55
SOKAL Benoît 51, 63
SPIEGELMAN Art 9, 79
SWARTE Joost 9, 98

T

TABARY Jean 164
TANAKA Masashi 90
TANIGUCHI Jirô 80, 90, **91**
TARDI Jacques 8, 55, 58, 141, **147-150**

TEULÉ Jean 142
TEZUKA Osamu 90
TÖPFFER Rodolphe **7**, 10, 14, **83-86,** 94, **105-116,** 118, **155-157,** 163
TRONDHEIM Lewis 9, 55, **136-140,** 163

U

UDERZO Albert 78, 150, 164

V

VAN Élisabeth 33, 177
VANCE William 164
VANDERSTEEN Willy 28
VAN HAMME Jean 163
VAUGHN-JAMES Martin 9, 38, 54, 80, 163
VERBEEK Gustave **96-100**

W

WARE Chris 9, **81-82**
WATTERSON Bill 150
WOLINSKI Georges 55

INDEX DES ALBUMS CITÉS

A

Achille Talon, Greg 150
Acme Novelty Library, Ware **81-82**
Akira, Otomo 80, 90
Arche du A (l'), Fred 154
Archiviste (l'), Schuiten-Peeters 173
Arzach, Mœbius 9, **128-129**
Astérix, Uderzo-Goscinny 78, 150, 164
Aujourd'hui, Plissart 132
Autoroute du soleil, Baru 9

B

Bail avec Dieu (un), Eisner **144**
Ballade de la mer salée (la), Pratt 9
Barney et la note bleue, Loustal-Paringaux **133-136**
Bécassine, Pinchon 115
Bijoux de la Castafiore (les), Hergé **62-64**, 66, 152, 153
Botchan no jidai (Au temps de Botchan), Taniguchi-Sekikawa
Buck Danny, Charlier-Hubinon 51, 52, 54

C

Cage (la), Vaughn-James 10, **38**, 54, 80, 163
Canardo, Sokal, Casterman 51
Carpet's Bazaar, Mutterer-Van 33, 179
C'était la guerre des tranchées, Tardi 55
Cité de verre, Mazuchelli-Auster 55
City Hunter, Hojo **92-93**
Cœur révélateur et autres histoires extraordinaires (le), Breccia 34
Cœurs de sable, Loustal-Paringaux, 133
Cœurs sanglants, Bilal-Christin 173
Coke en stock, Hergé 65
Crabe aux pinces d'or (le), Hergé 160
Cyrrus, Andréas 21, 22

D

Délirius, Druillet 51
Demi-tour, Boilet-Peeters 55, 93, 167
Démon des glaces (le), Tardi 58

Der des ders (le), Tardi-Daeninckx **147-150**
Dessus-Dessous, Verbeek **97-100**
Docteur Festus, Töpffer 7
Dolorès, Baltus-Schuiten-Peeters 168
Dormeur (le), Trondheim **138-140**
Dragon Ball, Torayama 90
Dreams of the Rarebit Fiend (Les Cauchemars de l'amateur de fondue au Chester), McCay 36
Droit de regards, Plissart 20, **132**

E

Épinard de Yukiko (l'), Boilet 93
Extraordinaires aventures de Totor, CP des Hannetons, Hergé **118-119**

F

Famille Fenouillard (la), Christophe 27, 28, **114-116**
Fantôme espagnol (le), Vandersteen 28
Feux, Mattotti 28
Fièvre d'Urbicande (la), Schuiten-Peeters 143
Flash Gordon, Raymond 125
Formidables aventures de Lapinot (les), Trondheim 140
Frustrés (les), Bretécher 51, 54

G

Gaïl, Druillet 51, 61
Gens d'ailleurs, Teulé 142
Gens de France, Teulé 142

H

Histoire d'Albert, Töpffer 7, **109-110**
Histoires immobiles et récits inachevés, Franc 43, 51, **74-77, 154**

I

Ici même, Tardi-Forest 8
Île des Brigadiers (l'), Fred **94-96**
Incal (l'), Mœbius-Jodorowsky 168
Iznogoud, Tabary-Goscinny 164

J

Jimmy Corrigan, Ware 82
Jungle Tales of Tarzan, Hogarth **61,** 125

K

Kid Congo, Loustal-Paringaux 133
Kin-der-Kids, Feininger 29
Krazy Kat, Herriman 53

L

Lapinot et les carottes de Patagonie, Trondheim 55
Largo Winch, Francq-Van Hamme 164
Little Nemo in Slumberland, McCay **36-38,** 51, **68-70, 116-117**
Los Angeles, Bilal-Christin 141, 173
Lotus bleu (le), Hergé 22, 65

M

Major Fatal, Mœbius 9
Marque Jaune (la), Jacobs 30, 31, **126-127**

INDEX DES ALBUMS CITÉS

Maus, Spiegelman 9, 79
Mauvais œil (le), Plissart-Peeters 20
Moins d'un quart de seconde pour vivre, Menu-Trondheim **137-138**
Monolinguistes, Trondheim 138
Môssieu Réac, Nadar 115
Mouche (la), Trondheim 140
Mr Crépin, Töpffer 7, **106, 155-157**
Mr Cryptogame, Töpffer-Cham 7, **84-85,** 113
Mr Jabot, Töpffer 7, 105
Mr Pencil, Töpffer 7, 10, 108
Mr Vieux-Bois, Töpffer 7
Murailles de Samaris (les), Schuiten-Peeters 167
Mystère de la Grande Pyramide (le), Jacobs 51, 60

N

Naufragés du temps (les), Gillon-Forest 167
Nogegon, Schuiten-Schuiten **100-104**
Non, non, non, Trondheim 140
Nouvelles histoires, Franc 74

O

Objectif Lune, Hergé 160
Ombre d'un homme (l'), Schuiten-Peeters 168
Oreille cassée (l'), Hergé 65
Origine (l'), Mathieu 40

P

Palestine, Sacco 9
Perramus, Breccia-Sasturain 9
Petit Peintre, Dupuy-Berberian 28

Philémon à l'heure du second T, Fred 96
Pieds Nickelés (les), Forton 115
Piège diabolique (le), Jacobs 126
Plagiat !, Schuiten-Peeters-Goffin 28
Portrait (le), Baudoin 28
Prince Valiant, Foster **123-125**
Psychanalyse, Trondheim **136**

Q

QRN sur Bretzelburg, Franquin-Greg **145-146**
Quartier lointain, Taniguchi 80

R

Route d'Armilia (la), Schuiten-Peeters **141-142,** 173

S

Sceptre d'Ottokar (le), Hergé 141, 160
Secret de Félicien (le), Fred 154
Secret de la Licorne (le), Hergé 28, **151-152**
Silence, Comès 8
Simbabbad de Batbad, Fred **71-73,** 94
Soirs de Paris, Avril-Petit-Roulet 129, **131**
Soleil d'automne à Sunshine City, Eisner **66-67**
Sur l'étoile, Mœbius **160,** 162

T

Tango, Pratt **55-57**
Temple du Soleil (le), Hergé 63, **152-153**

Terry et les Pirates, Caniff **46**
Tintin en Amérique, Hergé **87-89**
Tintin au pays des Soviets, Hergé **120-122**
Tintin au Tibet, Hergé 18, 39, **41, 42, 44**
Tintin et l'Alph-Art, Hergé 29, **156-157**
Tokyo est mon jardin, Boilet-Peeters 93, **177**
Transperceneige (le), Rochette-Lob **169-171**
Tour (la), Schuiten-Peeters 28, 65, **132**

U

Understanding Comics, McCloud 14

V

V pour Vendetta, Lloyd-Moore 166, **171-172**

Valérian, Mézières-Christin 166
Voyage (le), Baudoin **161-163**
Voyage au bout de la nuit, Tardi-Céline 141
Voyage de l'incrédule (le), Fred 154

W

Watchmen (Les Gardiens), Moore-Gibbons 9, 33, **79-80, 104,** 141, **151**

X

XIII, Vance-Van Hamme 164

Y

Yellow Kid (the), Outcault 116

Z

Zig et Puce, Saint-Ogan 120

TABLE

INTRODUCTION — ÉLOGE DE LA BANDE DESSINÉE	7
Nouveaux récits, nouvelles images	7
Comment lire une bande dessinée ?	10
Quelle théorie ?	11
CHAPITRE 1 — DE CASE EN CASE	17
Les mémoires d'une case	17
Case, cadre, cache	19
Le tableau en miettes	24
Une image en déséquilibre	29
Le principe de métamorphose	32
Les plaisirs de l'entre-deux	38
La tentation structuraliste	45
CHAPITRE 2 — LES AVENTURES DE LA PAGE	49
Découpage et mise en pages	49
Quatre conceptions de la planche	51
Utilisation conventionnelle	52
Utilisation décorative	58
Utilisation rhétorique	62
Utilisation productrice	68
De la page au livre	78
CHAPITRE 3 — SENS INTERDIT	83
Sens unique	83
L'Empire des sens	90
En tous sens	94

CHAPITRE 4 — LISIBLE, VISIBLE	105
La fin des légendes	105
Paroles, paroles	123
L'image sans voix	128
Unions libres	133
Le roman graphique : une longue quête	140
Une synthèse miraculeuse	143
CHAPITRE 5 — L'ÉCRITURE DE L'AUTRE	155
Les bonheurs de l'auteur complet	155
Une bonne histoire, une bonne histoire, une bonne histoire…	163
Le travail du deuil ou la spécificité retrouvée	165
Un horizon inaccessible	174
Irréductibles images	178
INDEX DES AUTEURS CITÉS	181
INDEX DES ALBUMS CITÉS	185

N° d'édition : L.01EHQN000492.N001
Dépôt légal : septembre 2010
Imprimé en Espagne par Novoprint (Barcelone)